本書に登場するお客様や従業員の名前および関連する情報や、
いくつかの店名などは、プライバシー保護の観点から、
編集・大幅な脚色を加えています。

目次

レズ風俗で働くわたしが、他人《ひと》の人生に本気でぶつかってきた話

橘 みつ

プロローグ

「ゆうこさんですか？」

優子、悠子、ユウコでもなくて、ゆうこ。わたしは頭の中にひらがなの〝ゆうこ〟の文字を思い浮かべていた。3日前の夜、19時頃に彼女が予約したときのハンドルネーム。スマホのブルーライトに浮かび上がるそのデジタル表記を思い出しながら、〝ゆうこ〟というひらがなそのままで、その人に呼びかけた。あなたを見つけたよと伝えるために。

はじめまして、今日はよろしくお願いしますと、わたしが呼び掛けたその人は、さっと頭をあげるとわずかに体を固くさせた。ようやく会えたという安堵《あんど》とわたしへの歓迎のために、笑顔を作ろうとするが、すぐに戸惑いがその顔を覆う。薄ピンクの折り畳み傘を持つ手にも、力が入っている。約束場所の新宿アルタ前、雨が降っているのだから建物の内側に入って待っていてくれればいいのに、ゆうこさんはわざわざ雨の吹き込んでくる入口ギリギリのところにいた。スカートの下のむき出しの脚にはすでに小雨《こさめ》がかかっている。そんな待ち方に、彼女の微妙な心情を感じ取った。待っているけれど、会うのは怖い。

相手の緊張と不安をほぐし、心のうちに近づくこと。それがわたしの仕事だ。わたしはより一層くっきりと、ゆうこさんに微笑《ほほえ》みかけた。「じゃあ行きましょうか」

東京都新宿区歌舞伎町、6月27日木曜日16時。季節はもうすぐ夏だというのに、鈍色《にびいろ》の空からは針のような雨が一日中降りしきっていた。斜めに降る雨のせいで、さっき新宿伊勢丹のお手洗いで穿《は》き替えたばかりのストッキングがすっかり濡れてしまった。平日の夕方であることも相まってか、新宿といえど人はまばら。ゆうこさんと並んで歩きながら、でもほんの少しだけリードするように、半歩先をいく。わたしは自分の体で、この騒がしくて雑然として、でもどこか秘密があって行き場のない新宿の街を切り開いていく。空気の流れで、ゆうこさんがあとから通れる安全な道を作るように、そっと。

この仕事の奇妙なところは、会ってすぐはお客さんの中に抵抗と戸惑いがあることだ。男性のように、もっと手放しでこの瞬間を楽しもうとしていいのに。わたしはすでにほんの少し後悔を滲《にじ》ませているらしい彼女の不安を払拭《ふっしょく》するように、口火を切った。なるべく自然に。新宿はよく来るの？　今日はお休み？　足元に気をつけてね、じめじめした日ばっかりで嫌になっちゃうね。話しながら頭の中で時間配分をし始める。今日の仕事はホテルコースの１８０分。最後の15分は着替えと帰り支度《じたく》のため差し引かれるので、勝負の正味は１６５分だ。

　彼女がわたしの問いかけにうなずくたびに、丁寧《ていねい》にヘアアイロンを通された黒髪のストレートヘアがピンピンと肩先で跳ねる。ゆうこさんより髪の方が元気だな、と変なことを考えてしまう。小さな肩を覆うカーディガンは白い薄手のレース編みで、インナーの花柄カットソーが透けて見える。スカートはオレンジ色でハリ感のある素材、夕方だというのに後ろ側に皺《しわ》も寄っていない。おそらく少し前に着替えたのだろう。レインブーツも同系色で後ろにリボンまでついている。おしゃれだね、とわたしが言うとうつむきながら今日はちょっと頑張ってきたのだと答えてくれた。ほぼ反射的に彼女は聞く。

「あの、変ですかね？」

「ううん、すごく似合ってる。その靴もかわいいよね」

　話し始めると、隣を歩く彼女の硬く白く突っ張っていた痩せぎすの頬《ほお》が徐々に緩《ゆる》み始める。横目でチラチラとこちらを見つつ、往来《おうらい》を行く人を目で追っている。彼女はおずおずと話してくれた。ここから私鉄で40分の場所に両親とお姉さんと４人で住んでいること、いまは図書館司書の仕事をしていること。

　わたしたちは他愛もない話をする。はた目には女友達同士で並んで歩いているように見えるだろう。でも実際には、ラブホテルに向かう客と風俗嬢だ。横断歩道を渡り、歌舞伎町二丁目に向かう。大通りから一本入るたびに、道ゆく人が減っていく。ふだんは通りにたむろして人ごみの中で待ち構えている客引きも、今日は姿が見当たらない。おかげでずいぶんと歩きやすい。道路の脇を歩くカップルたちの傘は、次々と道中のホテルのなかに消えていく。

　予約時に指定された、新宿区役所通りに面したホテル。もうじきその看板が見えようかというときに、彼女の顔に今度は不思議な切迫感が漂い始める。甘くて震えるような吐息と鼓動。雨に滲んだ歓楽街のネオンの色とりどりの光が、彼女の陶器のような小さな顔のうえを横切っていく。警告、決断、ここがその境目。引き返すか、進むか。

　ゆうこさんの黒目がきらきらと揺れる。「なんか、思ったより普通にみつさんと話せてよかった。普通の友達みたい。だって……」後の言葉が続かない。黙ってしまう。わたしは心のうちで彼女の言葉を引き取った。これから私たちするんですよね、セックスを。

　わたし、橘《たちばな》みつこと井《い》沢《ざわ》英《え》里《り》華《か》は女性を相手にする風俗嬢だ。女性に女性のキャストが性的なサービスまたは擬似的恋愛体験を提供する。この事業形態は俗にレズビアン風俗と呼ばれている。でもわたしの仕事は、お客さんの性的欲求を満たすことだけではない。ここに来る女性たちはそれぞれ物語のかけらを持っている。それは世間一般では問題があるとか普通じゃないと呼ばれるようなものかもしれない。でもわたしからすると、それはまだ誰にも読まれたことのない本のようなものだ。そして、誰かに開かれるのを静かに待っている。その物語を一緒に読み解いていくのが、わたしの仕事だ。体の奥の、その人自身ですら知らない心を、対話によって開いていく。

　わたしは彼女の小さな背中にそっと触れながら、「今日は会えてすごく嬉しい」と笑顔で言った。そして半分は独り言のように続ける。「どうして、レズ風俗を使ってみようと思ったのかな？」わたしはその言葉の裏で彼女に突きつける。あなたは、本当に、セックスがしたくてわたしを呼んだのかな。

　彼女はピンクに染められた乾いた唇をぎゅっとまっすぐに結んだあと、決心したように言った。「あの、橘さんはどうしてこういう仕事、しているんですか」緊張しつつ好奇心をのぞかせながら、真剣。レズ風俗を利用する客の中には、この仕事について質問してくる人もいる。自分以外にどんな客が利用しているのか知りたいという人も多い。風俗を利用する自分が〝異常〟かどうか確かめたいという気持ちもあるのだろう。または、純粋に聞きたいのだ。わたしを抱こうとする、あなたはいったい、誰なのかと。

　聞きたいというなら、お話ししよう。わたしの物語を、そして、今のわたしを作ってくれた勇気ある人たちのことを。本当は彼女たちのことは、誰かに話すべきではないのかもしれない。だってきっとわたしが話せば嘘《うそ》になってしまう。彼女たちのすべてを言葉にすることなんてできない。今から話すことには多少の嘘も誇張も歪曲《わいきょく》も取り違えだってあるだろう。でも、ここにかつてあった痛みとそれに向き合った一人の人間がいたことは紛れもない事実で、きっとその事実でこそ救える人がいる。わたしはそう信じている。だからこそ、あなたに伝えたい。人に傷つき、人を信じられない、それでも誰かと触れあいたい。それってきっとわたしのことでもあって、あなたのことでもあると思うから。

1　新卒3ヶ月で第一志望だった渋谷の会社をクビになる

なんとか今この瞬間を乗り切らなくては。周囲に人がいる、この今だけは。

わたしは重だるくて今にも止まってしまいそうな手をなんとか伸ばし、目の前にあるのに遠く感じるキーボードに文章を打ち込み、急ぎの資料を完成させようとしていた。真っ赤に充血しているであろう目をさらに見開き、そこにある情報に誤りがないか入念に確認する。

わたしの席はずらりと長いデスクスペースの島《しま》の中間に位置していて、ひと席後ろ側では同期たちが同じく資料の準備に躍起《やっき》になっているし、目の前のパソコン越しのちょうど左前では、静かに新入社員の働きぶりをチェックする女性上司の目が光っている。

ドロドロと奈落の底に落ち込んでしまいそうな体を叩き起こし、目の前にある情報を高速で組み立てていく。この瞬間さえしのげれば、悪い波はそのうち引くはずだ。

２０１６年５月。わたしは渋谷《しぶや》道玄坂《どうげんざか》にある人材研修会社で、新卒として働いていた。企業への研修提供と講師派遣を業務とし、元はベンチャーだがそろそろ中堅どころに差し掛かろうかという頃合いで、会社利益も安定拡大中だ。給与もそこそこで風通しもよく、学生人気企業ランキングにはさすがに入らないが、キャリアを最初に積む場所としては最適だった。人と触れ合う仕事がしたい、できれば紋切り型の提案ではなくて、個人の趣向に寄り添えるような何か。そう考えていたわたしには、まさにピッタリの仕事だった。そんな願ったり叶ったりの会社に、わたしが晴れて入社したのはちょうどひと月前のこと。

同期の前では一丁前に学生時代に戻りたいねなんて言うようになったけれど、会社という大きな枠組みに所属し、その中で安定して生活を送れることには正直ホッとしていた。毎月の固定給、そして会社員という一見、不名誉に見えて普遍的な肩書き。窮屈《きゅうくつ》な実家を飛び出して、自分ひとりで生活できるようになったのも大きい。わたしの家にはいつも父の声が鳴り響いていた。それはたいてい、母を責め立て怒鳴りつける声で、そのたびに母は縮こまって小さくなっていた。よくある家庭の不幸話だ。そして父の声が遠ざかると、途端に母はわたしに向かってくる。本人には言えなかった反論を感情的にまくしたてるか、または話し相手や慰《なぐさ》め、時には父との仲裁役としてわたしを求めた。子どもの頃は母のお世話役になれることが嬉しかったけれど、徐々に息苦しくなり、側にいられなくなり、やがて他に居場所を求めるようになった。これまたよくある話。別に、わざわざ人に語るほどの物語じゃない。

　将来の安定した地位を獲得するために、学生時代は都内の有名私大でひたすら真面目に学んだ。気になることへの追求を惜しまず、専攻したかったジェンダー・セクシュアリティの分野をより深く学ぶために編入までした。就活のときも入念なリサーチを重ねて吟味した数社しか受けていないのに、苦戦する同期たちを尻目に、第一志望のこの会社に入社することができたのだ。

　井沢さんはすごいよね、しっかりしてるね。

　入社が決まったときに、大学の同期が言ってくれた言葉をたまに思い出す。そのたびに自分の心のうちの、一番底にある強固な土台に触れたような気持ちがした。これがわたし、わたしはうまくやってる、なんの不足も問題もない。唯一気がかりなのは、仕事中に時折訪れるようになった、この眠気ぐらい。

「井沢さーん、資料はもうできてるー？」

　デスクの後ろ側から先輩が焦った様子で席までやってくる。新卒で入社したときについた若手の先輩で、愛想が良くて仕事はそつなくやるが、ちょっと詰めが甘いのが玉に瑕《きず》。

「あ、はい。まとめ終わりました」

「よかったー、助かる！　ごめんね、直前にお願いしちゃって」

全然大丈夫です、これぐらいはと言って微笑むと、先輩は信頼に満ちた目でこちらを見返す。その信用を確信に変えられるように、わたしは付け足した。「明日登壇する講師の青木《あおき》先生にも、資料が変わったことはすでに共有済みで、なるべく変更前と形式を変えないようにしてます。この先生、結構気難しい方のようなので丁寧にご連絡しておきました」

「うわ、超助かるわ、ありがとう！」研修日直前のトラブルから解放されたせいか、先輩はいつにも増して上機嫌だ。彼は青木先生が苦手だから、直接やり取りせずに済んだことも大きいのだろう。こちらに仕事が飛んでくるのではないかと内心ひやひやしていた、後ろにいる同期たちの顔にも、心なしか安堵の表情が浮かぶ。わたしは今日も無事に乗り切ったことに満足して、再びパソコンに向き直る。大量に飛び交うメールの処理に取り掛かる頃には、体を襲っていただるさと虚脱感は、いつの間にか綺麗《きれい》さっぱり引いていた。

働くってことは、〝仕事以外〟のことをどれだけこなせるかにかかっている。決められた業務という大枠からポロポロこぼれた瑣末《さまつ》なミス、感情の摩擦《まさつ》、こじれた人間関係の処理というもっとも荷が重い仕事が、新人のもとには降ってくる。これを黙って飲み込み、さりげなく対応できなければ優秀な人間だと認められない。いかに他人の意識が行き届かないことに気付いて、先回りできるかが勝負。加えて一番大事なのは、人の性格と感情を読み、機嫌を損ねないように自分の話し方やキャラクターをコントロールすることだ。実家で鍛《きた》えられたその能力の効果は、外の世界でもよくよく知っていた。大丈夫、わたしはきちんと自分を隠して、求められるまま自由に変えられる。仕事中の眠気は少し気になるけど、でもそれだけ。せいぜい一日数十分の危機に過ぎないし、これまでずっと乗り越えてこられたのだから。あとは、わたしの水面下の努力を〝女性ならではの気遣い〟として見なされてしまうことだけ、我慢できればそれでよかった。

わたしはオフィスの壁にかかっている時計を見る。時刻はもう17時過ぎ。仕事も一段落したし、急務までこなしたのだから定時に退社しても今日は何も言われないだろう。睡魔の波をやり過ごせば、隠れていた欲求が頭をもたげる。デスクにいながら、もう窮屈なリクルートパンプスを脱ぐことを考えてしまう。それは、わたしの時間の始まりだった。

駅のトイレから夜は始まる。通勤用のスーツを脱ぎ捨てたらカバンに突っ込み、代わりにシルクのワンピースに袖《そで》を通す。足元はお気に入りのハイヒールに履き直し、髪の毛はワックスで入念に整え直す。最後にトイレの鏡で本来の自分に戻ったことを一瞥《いちべつ》したら、ニッと笑ってわたしはその足で夜の都会へ紛れ込んだ。

今日の〝溜《た》まり場〟は、新宿歌舞伎町の路地裏にあるナイトクラブと決めていた。箱は小さいけどジャンル不問の生演奏が魅力で、この前はJ-POP縛り、今夜はテクノらしい。あてどなく空間をさまよう群衆の中から、わたしは見知っている顔を見つける。向こうも気づいて声をかけてくれた。「おー、えりじゃん。なんだよ、今日も来てんの?」「最近はここ、定宿《じょうやど》にしてるから。リョウは今日一人なの?」リョウは体を蛇《へび》のようにするりとこちらに近づける。すると、わたしの周りに点在していた人たちは、さりげなく場所を移動していく。リョウの全身には隙《すき》なく刺青《いれずみ》が入っていて、顔面のありとあらゆる場所にピアスが開いているのだ。彼は界隈《かいわい》ではちょっとした有名人で、職業は緊縛師《きんばくし》だという。すでに写真集も何冊か出していて、見せてもらったことがある。縛られた女たちは苦悶《くもん》に眉《まゆ》をひそめながら、どこか自分に酔いしれているようだった。

彼は緑色の前髪を揺らしながら首を横に振る。「いや、今日は次に撮る予定の子と来てる。紹介するよ、ケイだ」すると、どこに隠れていたのか、パッと目を引くような赤いワンピースに長い黒髪の女の人が後ろから顔を出す。真っ白な肌のうえで、服と同じくらい真っ赤な唇がぬらぬらとうごめく。「初めまして」

初めましてとわたしが言おうとすると、すかさずリョウが口を挟む。「ケイ、えりには気をつけなよ。こんな澄ました顔して昼間は会社員やってるけど、夜はすげえから。この前なんて、クラブの始まりから終わりまでずっといて、始発までファミレス行ってまた飲んで、しまいには『まだ眠くないもん、もっと遊ぼうよ』なんて言うんだからな。ほんと、大した女だよ。この界隈に毎晩、マジでいるから捕まんないようにしなよ」

　わたしは笑って抗議した。「ちょっと、初対面の人にそんなこと吹き込むのやめてよ！　昼は普通にやってますから」実際、うまくやってるんだし。ケイと呼ばれた女の子は、クールな見た目に反して歯を見せて笑っている。ふと、わたしは彼女に聞いた。「お仕事は普段、何されてるんですか？」ケイさんはちょっと取り澄ました顔になって言った。「職業はお人形、です」わたしは俄然《がぜん》、彼女に興味を持った。今日はこの人と話したい。

　夜の世界では、驚かない、そして深くは立ち入らないのが基本だ。でもドライってわけじゃない、ルールさえ守ればすぐに親密になれる。その気軽さがとてもよかった。会って初めましてで相手の反応を探りながら、空気を掠《かす》め取るみたいにして距離を縮めていく。感情には重力があってそれが人の反応に現れる。喜びとか親しみ、期待のときはその抵抗が軽くて、ちょっと空気が跳ねるみたいになる。その逆に不快感や疑惑、悪意があるときには遅くなる。そんな反応を感じ取ってしまったら、ちょっとよくわかんないなってニッコリして、離れてしまえばいい。話しあえる相手は他にいくらでもいるんだから、次、次、次。

　この街の行きつけのどこかに飛び込めば、必ず誰かしら顔見知りがいて、いつも新しい人を紹介してもらえる。気になる人なら自分から話しかけたっていい。夜の東京には、途方もないお金持ちもフリーターも、普通の会社員も何かの事情を抱えた人も、みんな等しく集まってくる。毎日新しい驚きに満ち溢《あふ》れていて、そのたびにわたしは圧倒されていた。

「えりちゃん、友達を紹介するよ」「ねえ、面白い子がいるんだけど」新しい人に出会うたび、わたしの頭はフル回転した。会話はたくさんの情報と反応の渦《うず》だ。こちらの応答次第で、次々と色が変わり新しいものが飛び出す。音楽にのるときみたいに他人が揺れるとわたしも揺れる。徐々に会話のテンポが速くなっていって、わたしとわたしの外側の差異が溶けてなくなり、すべてがハイスピードで駆け抜けていく。わたしはいつもそれを楽しむのに夢中だった。目で、耳で、肌で、わたしは全身で飛び込んで世界を味わい尽くす。

　人間は麻薬で、わたしを魅了して酔わせてやまない。そして、いつでもひどく恋しかった。夜遊びするようになったのは大学生のころからで、人とのコミュニケーションが得意で好奇心旺盛《おうせい》、お酒にもめっぽう強いわたしが、ハマらない理由はなかった。日中は真面目に大学に行きアルバイトをしっかりこなし、それが終われば毎日どこかに出かけて行く。翌日は体に鞭《むち》打って、また大学とバイトに励む、その繰り返し。

社会人になってからも、毎晩朝まで遊び歩くその習慣は全く変わらなかった。いや、変えられなかった。昼は仕事で忙しいし、新入社員としてのわたしには〝賢くて気の利く素直な新人〟としての役割が与えられている。会社では大人しくしているのが正解、あるべき型に嵌《は》まるのが正解。目に見えない負担とストレス、長時間労働のために軋《きし》んだ体じゃ昇華することができないエネルギーを、ぶつける先がいる。休んでなんていられない、だって一人でいればつまらない未来がこの先ずっと続いていくということに、嫌でも思い至ってしまうから。わたしには語るにも値《あたい》しない物語しかないことに、気づいてしまう。だから、今が一番大切で、今をとびきり楽しませてくれるものが必要だった。


あるときのこと。わたしはとあるナイトパーティーに参加していた。クラブの奥まったソファに腰掛けてモヒートを啜《すす》る。会場には色々な形の真っ白な風船が用意されていて、隙間に置かれたホワイトランプの光が優しく照らしていた。自分の足元に目をやると、入社記念に買ったばかりの黒いエナメルパンプスが光る。すべては完璧で、上々だ。

「井沢さんさあ、仕事大丈夫なの？」

「えー、どうして？」

立ち話でそのままどこかに行ってしまうかと思いきや、その人はわたしの横に浅く腰掛けた。すだれみたいな明るい茶色の前髪の向こうから、表情の読み取れない平坦さと温かみをあわせ持った瞳が覗《のぞ》く。あ、苦手かも。自分のペースにのせられない人には、一瞬毛羽立《けばだ》つみたいに警戒してしまう。確か化粧品会社とかの会社員で、前にバーで何度か会ったことがある人だ。イベントの趣味が合うのか、示し合わさなくてもたまに会場で見かけることがあった。歳《とし》は40くらいだったか、えっと名前は確か、そう、桜井《さくらい》だったかな。真横に来るとグッチの香水が強く香った。

「なんかここのところ、いつも疲れてない？　平日は仕事でしょ？　ちょっとは休んだら？」

　末期の頃のわたしは、日中は仕事をして夜はそのまま遊びに出かけ、外泊してちょっとだけ眠り、朝自宅に帰って着替えてまた出社、という、今思えば破綻した生活をほぼ毎日繰り返していた。いつも楽しむことに飢えていて、そしていつでも上機嫌だった。幸福ですらあった。それはわたしの主治医に言わせると「双極性障害の典型的な躁《そう》状態」らしいのだが、当時は知る由《よし》もない。むしろ元気で調子がいいとすら思っていた。

　寝不足の唯一の証拠である濃いクマはコンシーラーで飛ばしてしまう。20代前半の肌は、疲労の影もないふっくらしたハリと色艶《いろつや》を返してくれた。目だけはダメかな、すぐ疲れちゃうけど。

「大丈夫、大丈夫。わたしはちゃんとやれてるし」
わたしは風船を抱えて後ろに仰《の》け反《ぞ》った。上機嫌で。この満ち足りた空間のどこにそんな心配があるのだろう、わたしは桜井の小さな警告を無視した。そしてこれが、自分の身を振り返るべき最初のきっかけだった。もっとも、自分が重要な分岐点にいるなんて、そのときは知りもしなかったのだけれど。

綻《ほころ》びは意識の途切れから始まった。

仕事そのものは完璧にこなすことができた。が、ある一瞬に意識が途切れてしまうのだ。もはや眠気を感じる以前に、急激に体の機能が止まって目の前がブラックアウトするようになった。5秒ぐらい目を閉じていたつもりが、数十分意識がなかったりする。

ハッと気が付くと、目の前のデスクでパソコンに向かっている先輩社員と一瞬目が合う。気づかれただろうか。これはいけない、学生気分が抜けていないと思われるのは癪《しゃく》だ。

いつも動き回っているから、さすがにちょっと疲れているのかもしれない。誘いは全部断って今日こそは早めに寝ようと心に誓う。が、人と会うのを控えて自宅で布団に入っても、どうにも寝付けない。疲れているのに寝ようとすると逆に目が冴《さ》えてしまう。睡眠障害なのかもしれないと思って手近なメンタルクリニックで睡眠薬をもらう。マイスリーと名づけられた白い小さな粒を飲むと、確かに体はてきめんにだるくなる。しかし体は倦怠感《けんたいかん》に搦《から》め捕られ深く沈み込んでいくのに、わたしの頭はひりついていた。いくつもの考えが、記憶が、意識が、わたしのなかを高速で駆け抜けていく。体はひとつしかないのに、寝返りを打つたびに無数の思考に襲われる。想像はほとんど暴力的で、頭の中の考えと格闘して寝返りを打ち続けていると、カーテンの隙間から光が差してきて、汚れた水が詰まったように重くなった体とともに朝を迎える。何かが、おかしい。

「井沢さん」

ハッと身を起こす。気が付いたら、またデスクで意識を失ってしまっていた。慌てて顔をあげると先輩がこちらを見下ろしていた。「ねえ、疲れてるんじゃない？ 次の研修資料、コピーしておいたから置いておくね」彼は明らかにわたしを蔑《さげす》むような目つきをしている。入社当時のわたしには一目おいてくれていたのに。

「すみません、ありがとうございます」だめだ、またやってしまった。わたしは急いで立ち上がり、資料をつかんで会議室まで足早に持っていく。背中に先輩たちの笑い声がする。どうしよう、どうしよう。

焦ったわたしは会社の産業医に助けを求めた。その医者は会社と提携した病院に勤務していて、駆け込んできたわたしの話を親身に聞いてくれた。「夜落ち着かなくて眠れないんです。なのに職場では急に意識がなくなってしまう。どうしたらいいんでしょうか？」症状は睡眠不足と昼間の眠気、さらに感覚の鈍化だった。職場でも家でもすべてが遠く感じられて、現実だと思えない状態になることもあった。どろりとした時間の中で不意に動けなくなる。切羽詰まったからか、そういった症状が実は子どもの頃にもあったことまでうっかり話してしまう。解決策をくださいと懇願《こんがん》するわたしを横目に、症状をさらさらとカルテに書き込んだあと、産業医は手を止めて言った。

「井沢さん、これはちょっと、ちゃんと病院に行かなくてはいけないと思いますね。ここでは診断と病名の宣告はできないので、病院で診てもらいましょう」

とりあえず診断書をもらってきてと言った、彼女の目つきを不思議と覚えている。産業医として親切な振る舞いをしていたときにはあった何かが失われていた。薄いガラスのような透明な視線。そのとたん、この安全圏だと思っていた医務室は、寒々しい見知らぬ場所になっていた。

*

翌週、わたしは病院の待合室にいた。患者用のソファの後ろ側の壁に頭を預ける。そろそろ梅雨《つゆ》に入ろうかという時期でも白いモルタル製の壁はひやりとしていて、ヒートアップした頭に心地よい。カバンのなかに入っている、もらったばかりの診断書のことが頭によぎった。医者の声がリフレインする。

「でも、わたしはずっとそうだったんです！」

「はい、うん、ですからそれは全部精神的な病気なんですよ」医者はさもこういう状況には慣れっこだとでもいうようにいっそぞんざいに淡々と告げた。患者から投げつけられた感情を受け取らない、投げ返さない。軽くそっと払うみたいに扱う。銀縁メガネの向こう側の目が不思議そうにこちらを見ている。どういう風に言えば、君は納得してくれるんだろうね？

「外出がやめられないのも、人とずっと話していられるのも、あまり寝なくて大丈夫なのも、性格が陽気だとか調子がいいとかそういうことじゃないんです。れっきとした病気の症状です。問題は睡眠だけじゃない。行動のすべてに症状は現れているんだと僕は思いますね」

　書き留めていたわたしのカルテに目を落とす。先生の斜めに書き殴ったような読みづらい文字でまとめられたそれは、本当にわたしのことなんだろうか。こうして客観的にまとめられると、他人の身に起きた出来事みたいだ。

「あと、今も起きているみたいなんですけど、子どものころから不定期的に感じていたという、体感に実感が伴わなくなってしまう感じや、現実感が失われてしまう、ぼんやりするときがあるというこれは、単に眠くてだるいのではなく解離性障害という病気だと考えられます。正直なところ、双極性障害の傾向もみられるのでどちらなのか、ちょっと現状では判断ができません。ただ、今の段階では……」

それ以降のことはよく覚えていない。ぼんやりした頭に医者の言葉が無意味にこだまする。残響がすべて通り抜けていって、わたしの手元には診断書と処方箋《しょほうせん》だけが残った。体がぐらついて足元が滑ってしまう。なんとかしなきゃ、なんとか自分で立て直さなくては。体をあちこちにぶつけながらなんとか家まで戻り、震える手で産業医宛てに診断書を送る。重すぎる診断内容が書かれたそれは、ポストに投函したときにはあまりに軽かった。

数日間寝込み、ようやく出社して溜まりに溜まったメールを処理していると、後ろから呼ばれた。見ると、先輩社員と人事部長が立っている。「井沢さん、ちょっといいですか?」わたしはすぐに立ち上がって、何も聞かずそっと二人の後をついて行く。促されて入った会議室で着席すると、人事部長は開口一番に言った。「今日、お呼びしたのは他でもありません。井沢さんには1週間後の6月末付で、この会社を退職してもらいます」

わたしは半分笑うように言った。「嘘ですよね?」年配の人事部長は顔色がよりいっそう白くなった。彼が能天気すぎるライトグリーン色の椅子に座っているせいか、妙に現実感がない。ぼんやりした状態に入り込まないように、慌ててわたしは身を起こした。

むなしいことに、人事部長はそんなわたしの小さな努力を否定するように首を振る。

「いいえ。1週間後の6月末付で、井沢さんの契約を終了いたします」

その6月末の時期はちょうど入社して3ヶ月のタイミングで、新入社員は試用期間が解け、契約社員から正社員として再雇用されることになっていた。どうしてですか、と聞こうとしたが彼がそれを無言で押しとどめた。ねえ、井沢さん自分でわかるでしょ。人事部長はすっかり細くなったまつげに縁取られた目を、しぱしぱとしばたたく。「その方が井沢さんにとっていいと思うんですよね。オフィスで在席しているのもすごく辛そうですし。今は体を休めるときでしょう」

血圧が急速に下がって皮膚《ひふ》の表面は冷えていくのに、胃のあたりが妙に熱い。わたしはそのとき悟った。自分が病気であることをこの人は知っている。それは本来、会社の産業医にだけ内々に伝えていたことだったのに。会社で長時間働くことに支障が出はじめたとき、どうにか今のうちにうまく対処しておきたい一心で産業医に相談したのがまずかった。医者からもらった診断書を提出したことが決定打になってしまった。悪い雲行きを感じたら先手を打って回るのがわたしの常で、それが命綱になることだってあったのだ。でも、今回はそれが裏目に出てしまった——。

のちに会社と労働争議になったときにわかったことだが、産業医と人事部は完全に裏で通じ合っていて、わたしが話したことはすべて筒抜けだったらしい。社会というものを、素直に信じたのが馬鹿だった。体の外側が熱を取り戻していくのを感じながら、わたしの相談に乗ってくれるフリをしていた、あの小ぎれいな医者のことを静かに恨んだ。解雇《かいこ》を告げた人事部長に、わたしは最後の抵抗をした。「じゃあ、その体を休めている間の生活は、どうすればいいんですか？　生活費はどうやって稼げばいいんですか？」声がうわずってしまう。手を組んだまま人事部長は答えない。ベンチャー企業に中途社員として採用されて、あらゆる人事問題のごたごたに慣れている彼には、この手のやりとりは慣れたものだったのだろう。彼は優しく無関心の壁を建設し、貫き通した。

なんの糸口も見出せない沈黙が続き、諦めたわたしが立ち上がってドアを開けて出て行こうとした瞬間、彼はようやく椅子から立ち上がって声をかけてきた。「井沢さん、負担のないように退職の処理はメールベースでやりとりしましょう」

振り返った一瞬、目が合う。この人、ようやくわたしを見た。無言で会社を出ると、ひとまず山手線に乗って、無理やり耳にイヤフォンをねじ込みでたらめに音楽を流しながら街をさまよった。行くあてなんて、なかった。

*

なんでこんなことになったんだろう。

解雇宣告されてからずっと、都内の自宅アパートに居ながら、頭の中はそればかりだった。通達の日からあと1週間は社員として働ける猶予《ゆうよ》があったが、発熱を理由に自宅休養に切り替えていた。朝と夜、医者に言われた薬を飲み、あとはベッドで一日中寝ているだけ。かれこれ3週間はこんな生活をしている。会社を辞めて数日は、同期や友人からわたしを気遣うメールが来ていたが、今はもうそれすらない。何だかバカバカしくなって、スマホも見なくなった。寝すぎたあまり、いつもの定位置で体を丸めると床ずれの痛みに襲われて、思わず寝返りをうって独り言《ご》ちる。

なんで、なんでよ。

きっと神奈川の自宅に帰れば母も父も、答えてくれるだろう。病気になったんだからしょうがないよね。正社員は諦めて、適当に好きなことして生きればいいんじゃない？で、この後どうするの？　まずこっちに戻れば？　ひとり暮らしのお金は出せないからね——。頭の中の両親に、わたしは抗議する。好きなことって何？　適当にやるって何？　あんなに型に嵌められることを窮屈に感じていたのに、その実、敷かれたレールを外れてまでやりたいことなんてなかった。わたしは気づいてしまった。自分はただ、人に求められたことをしていただけだったんだ。

ねえ、これからどうしたらいいの、見捨てないでよと想像の中で追いすがっても、イメージの中の誰もがぼんやりと遠ざかっていくだけだった。「頑張ってね」「まだ若いんだから大丈夫」「大変だよね」と表面だけ撫《な》でるような言葉を残して、優しく手を振りほどいて消えていく。あんなにたくさん知り合いも友人もいたのに、助けてと言える相手がいなかったことも、ただただ惨《みじ》めだった。後悔、悲しみ、自責、怒り、疎外感、焦り、また後悔。感情はあちこちで焦点が結ばれ、次の感情や記憶に結びつき、でたらめな星座を描く。そうしているうちに感覚が鈍化し、何も考えることができなくなってしまう。

休養中、わたしは一つの発見をした。病気になると人は二つの時間を体験する。つまり退屈と焦燥だ。病人なんだから休まなきゃ、と思えば時間は無限にあるように感じられ、どう退屈をやり過ごそうかと考えるようになる。でも、何かの制限の中の休養なら話は別だ。期限内に不調を治さなくてはと思えば、途端に激しい焦燥感に襲われる。実際、こうしてこの部屋で安穏《あんのん》と寝ていられるリミットは迫っていた。電気料金とガス使用料の支払い催促通知が郵便受けに溜まり始めている。今月と来月分の家賃のことを考えると、目の前が真っ暗になる。いつもの矛盾と思考のループだ。生きていきたいけれど、その可能性は刻々と削られていく。

ここのところ慢性的に死について考えてしまう。わたしの体は惰性《だせい》でも、このまま生き続けたいと告げていた。しかし、現実の状況がそれを許さない。生きていくには意思だけでは不十分でまずお金、そのためには仕事。しかし、働けるだけの健康はどこにもなかった。解雇されてからは、みるみる全ての調子が狂っている。不眠、過剰睡眠、激しい焦燥感、落ち着きのなさ、感覚の鈍磨《どんま》、そしてうつ気分。もう一度やり直そうという意思が頭の中に生じてきても、今度は生き延びるための手段がないことに気づいてしまう。大卒という学歴は不健康の前には無意味で、新卒の頃はわたしが会社を選ぶのだと意気込んでいたのに、今はもう選択肢すらなかった。そしてそこまでくると、もはや生きたいという気持ち自体も疑わしくなってくる。本当に生きたいのだろうか？　何のために？　縋《すが》るべきものなんてあるの？　そんな風にわたしの自意識に睨《にら》まれた生は、一歩また一歩と力なく後退してしまう。この思考の行き着く先は、もちろん自殺だ。

　なんとなく寝ていられなくなってベッドから起き出し、床にヘタリと座り込む。気がつくと外はもう明るくなり始めている。今は朝の何時なのだろう。時間の止まったような固まった空気の底、閉め切ったカーテンの隙間からは真夏の朝の透明なはちみつみたいな日差しがふわりとこぼれて、この部屋をわずかに浮かび上がらせている。この数時間でぐっと日差しは色めき、強度を増してくるのだろう。夜のうちに鳴りを潜めた蟬《せみ》たちも、そろそろ活動を再開するに違いない。表の季節は何事もなく夏を迎えているらしかった。

　突然、ワンルームの部屋の空気にピシリと亀裂が入った。透明な水がひとしずく落とされたみたいにさざ波が広がって、わたしは思わずハッとした。聞き間違いじゃない、玄関の呼び鈴が鳴っているんだ。誰かがわたしを呼んでいるらしい。両親だったら、と万一にもない想像をして身構えてしまう。

久しぶりに歩行し、体で押すように扉を開くと、そこにいたのはなんと、あの桜井だった。パンツスーツにワイシャツ、唇には薄くグロスが塗られていて茶色いヘアはソフトワックスで入念に立たせてある。へえ、会社ではこういう格好をするのね、なんて内心感心してしまう。

「あ、え、何で……?」

「あ、ごめんね、LINEしたんだけど見てなかったかな」人懐《ひとなつ》っこそうな笑顔を浮かべて、ぽりぽりと頭をかく。じゃなくて、住所——と思ったが思い出した。会社を解雇されて同期や友人に一斉にその連絡をしたときに、ちょうど桜井から返信があって何気なく教えてしまったのだ。そういえば、もしよかったら家に行くよと言われてたんだっけ。本気とも思えず、そんなこと忘れてしまっていた。桜井はわたしの前に白いポリ袋を掲げる。

「出勤前に来たんだ、渡したらすぐ行かなきゃいけないんだけど。これ差し入れ」

袋の中にはすぐ食べられるようなインスタント食品やパン、栄養食品、スポーツドリンクが詰まっていた。病人用の食事みたい、と他人事《ひとごと》のように思う。

あ、ありがとう、と言って袋を受け取ると、桜井はなぜか玄関先でじっとしている。

言葉が続かなくて、思わず目を伏せてしまう。今のわたしはクラブやイベントで会うときみたいな装飾は全部剝《は》ぎ取られて、洗っていないヨレヨレのパジャマにむき出しの足、もちろん化粧もしていない。シャワーを浴びたのは何日前だっけ、と思うと急に恥ずかしさに襲われた。悪いけどいっそ早く帰ってよ、なんて考えながら冷たい玄関の上に裸足《はだし》で立ち尽くす。

「病院はちゃんと行ってるの？」

「3週間前に。まだ薬もあるし」

「そう」

「うん」

　扉を開けたせいで、玄関は生暖かい空気になっていた。ここにはクーラーの風もなかなか届かない。暑いのか涼しいのかよくわからなくて、自分の置きどころが見出せない。何も持っていない状態を人に見せるなんて、なんて不確かで頼りないんだろう。黙って体を固くさせていると、桜井は諦めたみたいにふっとため息を漏らした。もう行かなきゃ。

「また来るよ」

　そこでようやく顔をあげた。また？　次？　それはいつ。本当にあるのだろうか、わたしに。混乱するわたしを残して、ドアは閉まった。

2　生きるため、銀座の高級クラブでホステスに

冷えたグラスにアイスピックで切り出した丸い氷をからりと入れて、上から黄金に輝くウイスキーを静かに垂らす。氷の表面がなめらかに溶け出したら、マドラーでさらりと混ぜてでき上がり。できたオンザロックをカウンター越しに差し出せば、客は極上の一杯を舌先で味わう。その味がより美味《おい》しくなるように、わたしは微笑む。

ここは銀座六丁目のとあるガールズバー。古い雑居ビルに入って９階に上がったところにその店はある。フロアをつらぬく大きな飴色《あめいろ》の木製のバーカウンターと、白い制服を着たお姉さんたちが厳選されたシングルモルトを提供するスタイルが愛されている名店だ。わたしの復職の第一歩は、この店のカウンターレディだった。

会社を突然解雇されてから１ヶ月、とりあえずベッドで横になっているだけの生活か

らは抜け出した。それでも、処方薬をしっかり飲み、ひたすら眠り体を休めることを中心とした生活は変わらない。だから、わたしにとって1日は数時間しかなかった。働けるだけの体力を溜めるために必要な休養時間を差し引くと、手元に残るのは1日あたりたった4、5時間だけ。仮に毎日働いても、ひと月に労働時間に充てられるのは150時間しかない。この中で、ひとりで生活していけるだけのお金を稼がなくてはならなかった。限られた時間で稼ぐことができて、職歴を問われない仕事と言えば、行き着くところはもちろん水商売だ。

　夕方から4時間、薄汚れた水が詰まったように重い体を引きずり、心の焦点が合わないままカウンターに立つ。客側から見える上半身は他の店員と遜色《そんしょく》がなく見えるように、いつもより化粧は濃くしておいた。笑顔と丁寧な仕事ぶりの下では、惨めさや深い焦燥感との戦いに必死だったが、意外な発見もあった。高給に加えて少しでも真っ当なところで働きたい一心で選んだ店だったが、思いのほか居心地が良いのだ。

　銀座のガールズバーは夜の街の〝本番〟ではない。たいていの客はその周辺のクラブ目当てで立ち寄って、21時頃になれば馴染《なじ》みのホステスのいる店に消えていく。お店の子との同伴前の待ち合わせや、飲み始めの店として使われることが多いのだ。最初は夜の世界で働くことに警戒していたが、入ってみると拍子抜《ひょうしぬ》けしてしまうぐらい客層が良くあっさりしていた。銀座という土地柄のせいか客も遊びなれており、悪酔いすることもなくさらりと綺麗に飲んで帰っていく。お店の女の子の扱いも丁寧だし、客もホステスの同伴としてやってくる場合が多いため、そもそもこちらをそういう対象として見ない。お酒が飲めて、人とちょっと話せる。それ以下でもそれ以上でもなかった。

お店でのコミュニケーションは基本的に女の子と客の一対一、たまにマスターが交じるくらい。一日の中で接客するのもせいぜい5、6人と限られている。バーカウンター形式だから、お客さんはこちらを向いて話す形になり、ちょうどグラス越しに目が合う。寝不足のせいで落ち着かない体と、放っておくとどこか深い穴に吸い込まれていってしまいそうな心でも、誰かに見つめられると不思議と自分の中に芯が立ってくる。これがわたし、この人が見ているのはわたし。そうやって自分の輪郭をなぞれば、磨耗《まもう》して軋む胸の奥から相手の話に合う反応が返せる。その的確さとみずみずしさに、自分で驚くこともあった。

男性客とホステスさんがやってきたときのこと。その女性は家族と仲が悪いらしかった。

「お盆も実家には帰らないかなー、疲れちゃうし」彼女の常連客らしき男性は、わかったようにたしなめる。「そうは言っても、家族は家族じゃん。やっぱりいざとなったら頼れるし安心できるんじゃないの？　困ったらサユリの相談にだって乗ってくれるんだから、いい親じゃない」サユリと呼ばれたその女性はその返しに黙ってしまう。わたしは気がついた、この沈黙は納得しているんじゃない、絶望して黙っているんだ。彼女の目の光が消える前に、わたしはさり気なく、しかし当然のことのように言った。
「まぁ、家族でも距離を感じてしまうこともありますよね。例えば、自分の言った言葉をちゃんと受け止めてくれなくて、自分の都合のいいように解釈されたり、すり替えられちゃったり。そういう人だと、どんな関係性の人でも話していても疲れてしまうのかなーと思います」サユリさんはパッと顔をあげた。重ねてわたしが「家族だからこそ無遠慮に意見をぶつけてしまう。近しいからこそ、わかり合えないってよくあることですよね」と言うと、彼女は少しだけ目を赤くさせながら、胸を詰まらせるみたいにうなずいていた。ビンゴ。男性客がちょっと面食らっている様を尻目に、わたしはサユリさんに微笑んだ。

　アルバイト終わり、わたしは急いで駅のホームに向かう。終電が近いこともあるが、仕事がうまく行った日は思わず早足になってしまう。滑り込んできた電車に飛び乗れば、車内は深夜なのに嘘みたいに明るい。お酒と汗と香水と整髪料、ほんの少し人間臭い匂い。目を閉じても騒々しい中で、わたしの心のどこかでキラリと何かが光っていた。この仕事、いけるかもしれない。それは中堅企業の正社員という今よりいい条件で働けていた前の会社では、まったく感じたことのない高揚感だった。求められている役割に沿うのではなく、わたし自身で勝負すること。会話で人の心に寄り添うこと。それがこの銀座でなら、可能なのかもしれない。

でもこの街で生きていくために直面する問題が一つある。それは時給だ。ガールズバーは飲みの前哨戦《ぜんしょうせん》のような立ち位置だから、水商売としては時間単価が安い。しかも夜が深まるほど客ははけてしまうので、女の子が早上がりさせられる日も少なくない。生活のため、いや少しでも生きられる日数を延ばすために、もっと給与の高い仕事につく必要がある。銀座駅のホームから高速で離れてゆく電車の中で、わたしは心を決めていた。

翌日から早速、調査を始める。求人のフリーペーパーを片っ端から集めて、丹念に見比べていく。探しているのはただ一つ。銀座での高給クラブホステスの募集だ。夜の世界で働くなら、銀座のような一等地に限る。時間単価も待遇も客層も、当然その方がいいからだ。六本木にも高級店がいくつかあったが、ＨＰ《ホームページ》には派手めなお姉さんの写真が多く、自分のカラーには合わなそうで見送った。

応募要項で確認すべきは給与はもちろんのこと、待遇やノルマ、店のカラーや格式。ついで規模や人数、求められているタイプ。銀座といっても店の年季や形態によって客層も違うらしく、勤務している女の子の年齢やタイプも異なる。歌を歌えなくてはいけなかったり、衣装はすべて自前で用意しなくてはいけなかったりする店もある。条件の悪いところは外し、かといって募集の要求水準が高すぎない店を絞り込み、できれば著名で歴史のある店をピックアップしていく。実際になんとか面接まで漕《こ》ぎ着けられたのは1店だけ。そこが、わたしが勤務することになったクラブエスメラルダだった。

　面接をしてくれた支配人には正直に、業界未経験だと伝えた。でもお酒も飲めるし会話もできる、大学ではきちんと勉強してきたし理解力も高い、どうか働かせて欲しいと頭を下げた。その結果、来歴がきちんとしていることを評価してか、またはあまりの必死さを汲《く》んでもらえたのか、ヘルプとして雇ってもらえることになったのだ。クラブエスメラルダでの源氏名は、葵《あおい》。新しい名前にして、もう一度やり直すために。

　クラブエスメラルダは銀座八丁目にその店を構えている。銀座で八丁目といえば、その界隈の中でも屈指の名店がそろっている地域で、その中でもエスメラルダは開店40年以上の老舗《しにせ》に相当する。各界の重鎮や芸能人の愛好家も多く、黒い扉の向こうにひとたび足を踏み入れればどこかで見たことがあるけれど、決して親近感は湧かない顔にそこかしこでお目にかかれる。東西の花柳界《かりゅうかい》とも縁が深く、引退した芸妓《げいこ》さんが東京見物にと、お人形さんのような舞妓さんを引き連れてやって来る。

　初めてここに出勤したとき、格式ある名店だとは覚悟していたが、実際にその場に立つと思わず物珍しさに心が躍った。シャンパンを開けたときのような、華やかさと贅沢《ぜいたく》さがいつでも店内に溢れていて、思わず目を細めてしまう。でも驚いていてはいけない、有名人や途方もない資産家がやって来ても、さも当然ですよ、と流すのがここの流儀だ。

わたしもそれにならって、澄ました顔でヘルプ席で待機する。接客前に手元の安物ライターに火がつくか確認をしていると、足元に黒服が屈みこんできた。この店の黒服は動作だけではなく、なぜか顔の動かし方も妙にパキパキと演技がかっている。黒いボタンみたいな瞳をギラつかせながらわざと皺を作っているみたいな笑顔。

「葵さん、3番テーブルお願いします」

わたしは重心の低い待機ソファから跳ねるように立ち上がり、肉厚のフロアカーペットにピンヒールの足を滑らせる。足元がぐらつかないように、確かな足取りで歩く。見ると、お店の右奥で手招きする姿がある。

「えっと、何ちゃんだったっけ。こっちにいらっしゃい」

今日わたしがヘルプとして呼ばれたのは、食肉業界で知らぬものはいないという加藤《かとう》食品の創業者の席。昔からの上得意だとさっき黒服が耳打ちしてくれた。目の詰まったピンストライプのダブルスーツのボタンを開け、壁奥に座って構えている。シルクの混じったシャツの上には歴戦を積んで垢抜《あかぬ》けた顔が乗っている。スーツには肘《ひじ》にも肩幅にも無駄な曲線が一切なく、加藤氏を迎え入れるためだけにあるよう。袖には特注の金のカフスが冷たく光る。お金をかけても悪目立ちしないのは、その使いどころが面じゃなくて線にこそ活かされているからだろうか。そういえば新卒でスーツを買ったときに接客のお姉さんが言っていたものだ、オーダーメイドはお勧めですよ、体付きは一人一人違うんです、ちょっとした線のダブつき張り具合で全然印象が変わりますよ。そのときは営業トークかと思って聞き流していたが、案外本当なのかもしれない。

　加藤氏の真横にはいつものご指名、真那《まな》さんがちょこんと陣取り、小さなテーブルの向かいにはこの店の大ママ、れいかママがスツールに浅く腰掛けてこちらを見上げている。れいかママはこの店を任されて二代目になる大ママで、雇われから今の地位まで駆け上がった元売れっ子のホステスだ。会ってわかったことだが、飛び抜けて綺麗ってわけじゃない。でも垢抜けていて腰が据わっていて一般常識から美術まで造詣《ぞうけい》が深く、何か一つの話題でもきちんと拾って話題を広げることに長《た》けている。れいかママと話していると、誰でも一端《いっぱし》の文化人になれたような気がしてしまうのだ。すごく質の高い調度品みたいに、座れば気分が高揚して整ってくる。その一方、礼儀作法にはうるさく、少しでも失態があるとバックヤードで体をぷりぷり揺らしながら厳しく叱咤《しった》する。今日は絶対にヘマをしないように、とわたしは小さく息を吸い込んだ。

「うん、新入りの子かな」

「最近新しく入った子です」真那さんは静々と答える。銀座のホステスは着ているものでそのランクが一目瞭然。歴が長いベテランホステスほどお金のかかる着物が着られるわけで、今日の真那さんもれいかママも秋口だから袷《あわせ》の装《よそお》い。黒に渋紫と、決して派手な色ではないが、裾に花咲く絹のそれは安っぽい光り方をせずに、凜とした美しさを布のうちに溜め込んでいる。しなやかな胴元を飾る帯留めは職人の一点物。和装に合わせて盛り立てた夜会巻きの黒髪の筋にはほつれもない。わたしは自分が着ているドレスに目をやる。貸出品から選びに選んだビビッドピンクのタイトドレスは決して安っぽくは見えないが明らかに見劣《みおと》りしていた。

「葵です。最近入りました」

「随分お若いね、学生さん？」

「いえ、一度は就職したんですけど、辞めることになって。今はこのお店でご厄介になっています」

笑顔で、なるべくさらりとあっけらかんと返した。水商売には来歴の複雑な人や時には訳ありの人がいるものではあるが、それを嘘なく開示することが求められる。しかも、悲劇的に見せすぎないのがコツ。これは後々気が付いたことでもあるが、擬似恋愛関係で人を楽しませる職業だからこそ、もてなす側の秘密と嘘は最低限にとどめた方が良いのだ。意外なようだけど全てが嘘の世界では、言葉はどこか信じがたいものになってしまうから。

「へー、出身は？　東京？　大学はどこだったの？」

わたしは一拍止まった。ドレスの下の横隔膜《おうかくまく》がぐっと持ち上がる。ゆらりと首を曲げてれいかママが間髪《かんはつ》をいれず自然と強引に話を遮る。「ねね、センセ、そんなことよりこの子どう思います？　水商売初めてらしくて。やっていけると思います？」そう言われて、整えられた白い顔と垢抜けた黒い顔、三つの顔が寄って集まって、とっぷりとこちらを見る。お店のママともなると会話の流れを自分で強引に変える力がある。持ち上がったままの鎖骨の皮膚のうえ、霧吹きをかけたようにうっすらと汗が噴き出してくる。

「うん、まあ清楚系だよね。お話もハキハキして丁寧だし、あなたお酒はいける口なの。ホステスさんはお酒強いといいよね」

「でも志保《しほ》ちゃんみたいに飲んだくれはダメよね、ね、聞きました？　この前あの子、瑠璃《るり》の店でまた寝てたんですよ」真那さんがふわりと論点をずらす。

「またあの子は本当にしょうがないねえ」

「あら、志保ちゃんは特別じゃないの」

　加藤氏と真那さんのおかげで、話の焦点は違う店で人気らしいホステスに移っていく。新人を肴《さかな》に盛り上がる気運はすでに逸したらしい。話題に付いていけなくなったことを察し、人知れずため息をついてドレスの胸元に寄った皺を押さえつけて直す。本当は強く握り締めたかった。

　わたしはずっと、自分は差別心がない人間だと思っていた。大学でジェンダー・セクシュアリティを専攻していたから、性別、職業や身分に由来する扱いの違いや認知の変容には人一番敏感で、その差異を憎んですらいた。大学の教科書は、人類の歴史をもとにどう社会的な認識や誤解が生まれ、今の常識や制度が作られていったかを紐解《ひもと》いていた。きっと受講している学生たちはみんな似たようなことを思っていただろう。自分はそういった見えない差別に気づき、声を上げられる人間だと。わたしたちは世間の誤った認識を指摘できる、正義の存在。でも蓋《ふた》を開けてみたらどうだろう、自分も似たようなものじゃないの。わたしにも夜の世界を、そして水商売を蔑む気持ちがあった。だからこそ、本当の自分をさらけ出すとなると恥ずかしくなってしまう。今の自分と過去の自分が交差して、逃げたくなる。浅い呼吸を繰り返し、目にうっすら張ったものを隠すべく、顔をあげて笑った。どうかただの酔いに見えますように。涙じゃなくて、豪勢なシャンデリアの光がただキラキラ反射しているように見えますように。

　ふと気がつくと布を擦るような音がして黒服がすぐ側に笑顔でしゃがみこんでいる。

「葵さん、ご馳走様して5番テーブルにお願いします」わたしは全エネルギーを使うように立ち上がる。

　いつ頃からだったかホステスは夜の蝶《ちょう》なんて呼ばれるようになったらしいけれど、蝶よりは魚の方が近いんじゃないかな。フロアは巨大な水槽みたいなものだ。それぞれのボックスに客と指名のホステスがいて、ボックスごとに異なる空間になっている。共存できない水域の水生生物たちがこの椅子とテーブルごとに棲《す》んでいる。違う席に付くたびに水の深さも水質も流れも、異なる世界が広がっている。同じ客でも付いているホステスやその日の状況によって、空気が異なるのだ。

1本吸い終わった灰皿を替え、おしぼりの形を整え、グラスに付いた水滴を拭ってテーブルを片付けながら、わたしはその設定と状況を一瞬で読む。固定の常連客を持っているわけじゃなくてヘルプで付く立場だから、すでに客とお姉さんが作り上げているやりとりに交ざって乗るしかない。自然に介入し、この場に一番必要とされている役を引き受ける。時には切り込み、ただのお飾りになったり、道化の役になったり、当て馬になったりする。ただニコニコしていた方がいいこともあるし、自分から積極的に話さないと場が持たないようなときもある。ヘルプなんて言うけれど、枯れ木も山の賑《にぎ》わいになるか、それともお姉さんたちにとって本当の意味での「ヘルプ」になれるか。すべては自分の一挙一動にかかっている。

指名客のいないホステスはテーブルに呼ばれない限り、待機スペースに座って、お姉さんたちと客が談笑している様をただ見ているしかない。それで給料が出ればまだいいが、待機しているだけのホステスはとっとと早上がりさせられてしまう。だからヘルプとして呼ばれること、すでに席に付いているお姉さんに必要とされることは何より大切。彼女たちに使えないと思われると、団体客が来ない限りテーブルに付けてもらえなくなってしまう。ヘルプにだって序列がある。実際、ちょっとだけ配慮が足らなくて遠ざけられてしまったらしきお姉さんも、入店して日の浅いわたしでもすでに何人か思い当たる。

客の正義、理想、善と悪、そして「あるべき女の子」。わたしの仕事は、それに自然と同意し埋め合わせることだ。最近の男性は草食化が進んでいていかんね、そうですよね。もっと俺たちの時代は働いてこそなんぼだったよなあ、もちろんですとも。わたしたちは選ばれし正しい女性の代表者であり、物事の分別がつく貴重な存在。そんなわたしたちの価値を見出し、評価できる客は当然、すばらしい人間なのだ。お姉さんたちに寄り添われ持ち上げられた客たちは、豪勢な椅子の上で顔を緩ませくつろぐ。特にこの店に来る客は会社の重役や役員、社長クラスがほとんどだから、日ごろからこういった〝歓待〟を受けていることが多い。自分の無礼には鈍感だが、否定されることには敏感で、特に女性に対してはわずかでも受け入れられないところがあるとすぐに機嫌を損ねてしまう。水の下に不機嫌という大魚の気配を捉えたら、大急ぎでなだめてフォロー。どれほど不条理でも、自分たちが悪いと折れてあげる必要がある。特に下っ端のホステスほどその役割は回って来る。ここにいて必要とされるには、それしかないのだ。まあでも、これってわたしが会社員時代にしていたことと大して変わりなかったりする。会社員という安定した地位と立場は失ったくせに、結局同じことで稼いでいるなんて、皮肉だった。

幸いなことにわたしはここでも才能を発揮していた。実家で鍛えた〝能力〟は健在だったわけだ。急に怒鳴り散らし権威を振りかざそうとする父とのやりとりは、怒りで人を支配しようとする客への応対に役立ったし、自分の不快感や心配を解消しようと寄ってくる母との記憶は、ねちっこい客やいじけた客との交流に役立っていた。そして、二人ともわたし自身にまったく興味がなかったから、自分の自慢話しかしない客が来ても平然としていられたのだった。

れいかママの常連さんに連れられてきた、いかにも高級クラブに慣れていないある若い客は周囲の状況に若干気圧《けお》されて、グラスで頼んだ冷えたビールを一気に飲み干して言う。

「なんかいいですよね、綺麗な女の人はこんなすごいとこで働けて、座って飲んでればいいんだから」

わたしは唇を真横に結んで、引いたディープレッドのリップカラーを見せつけるように微笑んだ。

朝。薄い眠りを貪ったあとシャワーを浴び、タバコの匂いとスタイリング剤を丹念に洗い流す。サラサラの髪が戻ってきた頃、玄関のチャイムが鳴る。扉を開けると、桜井がそこにいた。白いポリ袋を目の前に掲げて言う。「朝ごはん、買ってきたよ」

わたしは袋を受け取って、部屋のローテーブルに朝食を広げる。チーズ入りおかかおにぎり、ダブルたまごのサンドイッチ、牛乳、カフェオレプリン、ミント入り炭酸水。コンビニの新商品は、いつもこの差し入れで知る。意外なことに、あれから桜井は本当に何度か来てくれた。出勤する1時間前に、こうしてわたしの部屋に寄ってくれて、朝ごはんだけ一緒に食べて帰っていく。

「わ、これおかかっていうより完全にチーズだね」スーツ姿であぐらをかいておにぎりの海苔《のり》をパリパリいわせながら文句を言っている。

「で、病院は行ってるの？」

「一応、2週間に1回は」

薬の処方に加えて、医師からはカウンセリングも受けることになった。今、あれだけ直視したくなかった自分の物語に直面している。どんなに逃げ回っていても、いずれは何らかの形でこうして自分を見つめる機会がやってくるのかもしれない。

「そっか。仕事はどうなの？」

「まあ疲れるけど、なんとか」

桜井はわたしがホステスとして働いていることを知っている。

「結構飲まされるの？」

「お酒は別に強要されないよ。付き合う程度には飲まなきゃいけないけど。それに、わたし飲んでも平気な方だから。今在籍している店では全然無理させられないし、女の子の扱いは丁寧だよ。銀座のいい店は変なことさせないし」

「ふーん」

何となく弁明したい気持ちになってしまう。なぜだろう。あそこにあるものを正当化したいのかもしれない。居るときには文句の一言でも言いたくなるが、他人には話したくない。人には格好悪い弱い自分は見せたくなかった。

桜井は床に落ちた海苔を丹念に集めてティッシュでつまみ、部屋の隅にあるゴミ箱に入れて後ろを向いたまま聞く。

「じゃあ、うまくやっていけそうなんだ？」

「やっていきたいと思ってる、しばらくは」

サンドイッチの袋を開けて、嘘みたいに黄色いねっとりしたたまごのペーストを口に運ぶ。わたしは負けるわけにはいかなかった。生活のために働かなくてはいけないが、それ以前に接客という仕事で負けたくないという気持ちが、あった。わたしには、相手が何を望んでいるのか、自分が何をするべきかがわかる。言葉や行動の裏に潜んでいるものを探り当てることができる。最初の仕事ではうまく行かなかったけど、だからこそ取り返したい。

客の機嫌を取るのはやっぱり大変だ、とつい愚痴っぽくなると、桜井は顔をしかめる。

「それでえりちゃんは大丈夫なの？　そこでレギュラーで働くようになったら、もっと負担が増えるんじゃない？」

わたしは言い返す。「同伴ノルマとかは増えてくるけど、指名客が付くようになったら、もっと楽になるはず」わたしは言った。

「絆があるんだよ」

「絆？」

それは店になじみはじめた頃に見た光景で、その日最初に付けてもらった席での出来事だった。店の古くからの常連客とこれまた長い付き合いのある係のお姉さんの席で、どうやら前勤めていたクラブから連れてきたお客さんらしい。銀座で固定客を持っているのは別の店からの引き抜きが基本で、新規から指名客にするのは容易ではない。銀座で遊べるような客層は限られているから、最初に常連になってもらうにはハードルが高く、店を替わっても来てくれるぐらい馴染みになるには時間と積み重ねが必要になる。でもその分、固定客になってくれれば友人のような関係性ですらある。

わたしがヘルプに付いたお姉さんは、ちょっとルーズなところがある人で、歯に衣《きぬ》着せぬようなことも言う。新人のわたしが口にしたら叱られるようなことでも、平気で話す。こんなことしちゃだめでしょ、あれは面白くなかった、ああした方がいいんじゃない？　聞いているこっちがたじろぐような本音がぽんぽん飛ぶ。それでも、馴染みの年配のお客は嬉しそうにニコニコ聞いている。本音と毒舌を楽しみにしているような節すらあった。下手《したて》に出ること、演技をして相手の理想のふりをすることが当たり前と思っていたわたしには、およそ信じられない行為だった。二人が目を合わせるたびに、そこには確かに親愛と、絆があった。怯《おび》えも不安も虚飾《きょしょく》もない、人としての強さと信頼。肩書きも職種も上下関係も超えた結びつき、そして、揺るぎなさ。

　求められること。わたしのなかで何かがカチリとはまった。役割記号としてじゃない、会社員でもホステスでも女性としてでもない、単純な要求を満たせる手頃な相手を超えて、わたし自身として求められたい。替えのきく誰かじゃなくて、わたしを。ここで頑張って働いていれば、わたしにもあんな風になれる時期が来るのかもしれない。それまでは何とか自分に与えられた役割をこなして、徐々に自分としての色を出していくのだ。自分を見出してくれる人が、いつか現れるに違いない。いや、作るのだ。わたしは期待にはやる胸を静《しず》めながら、いつも以上の熱意を込めて二人の会話に相槌《あいづち》を打った。

＊

　ホステスとして働き続けよう、そう意気込んでいたわたしに暗雲が立ち込めてきたのは、他でもない憧れのホステスの一人、チーママである亜矢《あや》さんのせいだった。

「あー、腹立つ。あんたもちゃんと言いなさいよ。やめてくださいって」スパンコールがびっしりついたドレスを左右に揺らしながら、麻友《まゆ》さんがカウンター席にやってきた。マスターのいるカウンターバー周辺は控え室以外の場所で話すには絶好のスポットだ。横にはまだ若いヘルプの子が付いていて、何やら謝っているらしい。次の席に移動するべく通りかかったれいかママがたしなめる。「麻友ちゃん、そういうのは小声でやってね」麻友さんはご立腹だ。「だって、横川《よこかわ》さん、お尻触ってきたんですよ」

待機席で背中越しに聞いていたわたしは、思わず身を硬くした。麻友さんは続ける。

「亜矢さんのテーブル、毎回嫌なんですけど。やめてって言っても、いつも触ってくるんですよ」れいかママは取り合わない。「今日はお酒がすぎてるんでしょう、あたしがあとで言っておくわ」

話の的になっているのは、この店の二番手を務めている亜矢さんのお客のことだった。亜矢さんは、わたしが入ってくる数ヶ月前にこの店にやってきた人で、元々は六本木を牙城《がじょう》としていたらしい。一晩に数十万稼ぐホステスとしてお店が特別に引き抜き、チーママとして鳴り物入りで入店してきたそうだ。すでに何度か彼女の席に付けてもらったことがある。端っこのヘルプ席からのぞき見た彼女の姿は、今でも鮮烈。黒目がちの瞳は大きく、カラコンで強調されて濡れた小石のよう。首はすらりと長く着物の下に沈む鎖骨は華奢《きゃしゃ》で抜けるように白い。全体的に小柄でみずみずしく、なるほどこんな人にはさぞ男の人は惚れ込むに違いない。そっと手に乗せて籠《かご》に入れて持ち帰りたくなるような、目が離せなくなるようなしとやかさ。寄る年波の証《あかし》、わずかに口元に薄く皺が一筋入っているがまだ目立つほどではない。鈍色の着物にはややアンバランスな明るい茶髪とパールピンクの口紅だけが、わずかに残る六本木の名残《なごり》だ。団体客を連れてくることが多く、その多くが六本木から引っ張ってきた客だからか、客のカラーもこの街の層とは異なる。エスメラルダの客はだいたいが高級そうな背広を着ているが、彼らはTシャツやポロシャツ、ジーパンも珍しくない。

水商売は店の場所によって客層が明らかに異なる。新宿や池袋などは価格帯の低いキャバクラやガールズバーがメインで一般企業のサラリーマンが多い。一見《いちげん》がほとんどで、若手社員が目立つ。六本木は起業家や新興企業の役員、つまり若くして成功を手にしたような客が多い。銀座に来るような、昔からの商売を引き継いできた社長や名の知れた企業の上役《うわやく》とはまた違った、独特の勢いと熱気がある。大声で騒ぐ、椅子の上に脚を乗せる、ホステスと語らうのではなく彼ら自身で盛り上がる。六本木からのお客が流れてくるようになって、ホステスたちの控え室ではまことしやかな噂話《うわさばなし》が飛び交うようになった。亜矢さんの客には、気をつけろ。

銀座のような、古くから名が知られている場所で遊ぶ人は、客同士も長年顔見知りであることが多く、横の繋《つな》がりも強い。余所者《よそもの》はただでさえ目立つうえ、年齢も若く勢いのある彼らの狂乱は、この店の中で明らかに浮いていた。表立って注意する人もいないが、常連の客は店の奥に彼らの姿を認めるとわずかに眉をひそめて「最近は、この店にも随分変わった連中がくるようになったんだね」と顔を合わせようとしない。周囲の冷たい空気やよそよそしさは、我関せずに見える六本木組にも察せるぐらいになってきていたのかもしれない。表立って反発することもないが、彼らは余計に店で騒ぐようになっていた。

「結城《ゆうき》くーん、早くシャンパン持ってきてよ」

横川さんが大声を出す。ベテランの黒服たちが大急ぎで酒を周辺の店に手配しに回る。注文したお酒はお店に置いていないような特別品らしく、いつになく黒服とバーマスターは慌てている。横川さんは亜矢さんの連れてきたお客の中でも太客で、噂によると新進気鋭のＩＴ会社の社長らしい。「早く持ってこないと結城くんにも飲ませちゃうよー」跪《ひざまず》いた黒服はシャンパンの瓶を彼らにうやうやしく差し出す。

「本当に申し訳ありません、近所の酒場から急いで取り寄せてきました」

「マジ遅いよー。ペナルティで1杯飲んでもらうからね」

横川さんは乱暴にグラスにお酒をつぐ。

「俺の酒が飲めないの、結城くーん」

「いいえ、滅相もない。横川様からのお酒です、いただきます」黒服は眉間に皺を刻んだままあおるように一気飲みする。

「うえーい、いくねー」

「横川様のお酒は、格別ですね」黒服である結城さんは笑っている。ヘルプに呼ばれたわたしは、その笑顔の裏に彼の恐怖と激しい怒りを読み取ってしまい、思わず体が動かなくなったが、無理やり横川さんの横に座らされた。「お、来た来た。いいじゃんこの子。こんばんわー」全身をじっくりと眺めてから、当たり前だと言わんばかりに腰に腕を回してくる。自分の所有物だと決めつけてくる男性に特有の、自信。わたしは状況を立て直すべく、挨拶した。「葵といいます、よろしくお願いします」言いおわらないうちに、興味ないとでもいうように肩をペチペチと叩く。

「ナオキ、この子何点？」

ナオキと呼ばれた若手の取り巻きの一人は戸惑っている。「あ、えっと僕は結構クールなお姉さん好きですよ」

「ばーか、ちゃんと点つけろよ」顔の造形ではなく、もっと表面にある〝何か〟をジロジロと見回す。「うーん45点！」「くー！　横川さんキビシー」「さすが！」「面食いっすねー」「ま、確かに彼女さんと比べちゃねー」どうやら彼ら特有の〝女性での遊び方〟があるらしい。心のこもった会話もなく彼ら自身の結束を高め、面白がり、そして支配欲のゲームを仕掛ける。女性には喋らせない、採点して否定する。黙って賛同しないホステスは軽蔑《けいべつ》し、客の権限を利用して退席させる。それは彼ら固有のやり方だったが、この店に来る男性客の悪意を煮詰めたようなところもあった。横川さんは付けられたホステスにダメ出しをし、貶《けな》しつつもドレスから覗く素肌を触ることを忘れない。見慣れた獲物のように遠慮なく視線を滑らせる。

救いの手を求めて、他のホステスの様子を窺《うかが》うが誰もが事を大きくさせることを恐れて、声をあげない。いつもはやんわり水を差したり、巧みに話題を変えてしまったりするベテランのお姉さんたちは沈黙という手段をとってそこにいる。れいかママは、いつものようにイベントに出てしまっていて今日はいない。そんな馬鹿な、と思ってこの席の管理と責任を担っているはずの亜矢さんを見ると、彼女はどこでもない空中を見つめたままグラスを傾けている。セクハラも暴虐も、その目には入っていない。仲間や年下の子たちを庇《かば》ったら、自分の株を下げてしまう。〝よくできた女性〟でいられなくなってしまうから。ようやく、わたしは理解した。わたしたちは供物《くもつ》であり、犠牲でしかないのだ。ホステスの高い給料は、心のこもった会話やお酒の同伴、ちょっとした期待や夢を売ることだけで成立しているわけじゃない。時に捧《ささ》げ物として、お客様の要望を無条件で満たす係として暴力を受け入れる。自分の意思を売り払った、その対価でもあったんだ。

毎日のように、横川さんたちは店にやって来る。いや、横川さんだけじゃない、亜矢さんが連れて来る客はみんなどこか似ていた。自分に自信があって、叩き上げで成功を手にしていて男性同士の結束が強い。すべてを持っていて、同時に何かに飢えていた。コストパフォーマンス、スペック、メリットと彼らはよく口にする。それ何の意味があるの？　何が得られるの？　投資した以上のものが返ってくるの？　自分にメリットなくない？　意味わかんない、俺はどれくらい得できるの。彼らのあり方はコミュニケーションを必要としていなかった。自分という器をどれだけ満たせるか。同じ価値観を共有し結託できる男性だけが仲間で、それ以外は欲望充足のための道具か、さもなくばそれ以下。ホステスも連れてきた女性の知人も、当然仲間のうちには入っていなかった。

「リコはさー、モテないしマジで男を見る目がなさすぎんだよ。趣味が悪いんだよね」

ある日横川さんは、六本木の店で馴染みのホステスさんらしき人を連れてきた。リコさんは金髪でミニスカート、ギャルみたいな風貌《ふうぼう》で、自分に自信がなくってそのために男性と離れられない典型みたいなタイプだった。横川さんたちに貶されても、「そうかもー」とヘラヘラ笑っている。かわす隙間もなく、無自覚なままただ自分の価値を削ろうとする言葉にゆだねるしかない。わたしは胸が痛んだ。

「自分に自信が持てなかったりすると、そういう人の方がかえって安心してしまうことってありませんか？」気づいたときには、口を挟んでいた。周囲をふわふわ見回していたリコさんが、止まる。「自分のことを褒めてくれたり、ちゃんと取り扱ってくれたりする人の方が、不安で怖いと思ってしまう。そういう感覚って、男の人の趣味じゃなくて実は自己評価も関係していたり。自分を認められないほど傷ついているときは、その状態を維持できそうな対象を選んでしまうのかなって」漫然とした空気がしんと静まる。

リコさんのぽってりした唇が、何かを言おうと開きかけると、横川さんが阻止する。

「リコ、なにマジになってんの？　あのさ、こいつはホステスだよ？　客にとって都合のいいこと言うに決まってんじゃん。馬鹿じゃないの？」横川さんが酒が全身に行き渡った体をこちらに向ける。肩まで伸ばした手の甲で、わたしの腕をパンパンと叩く。肉屋が、悪くなったブロック肉にそうするように。

「こいつらはさあ、そもそもなんっにもわかってないの。ただ客の言うことヘラヘラ聞いて媚びてるだけなんだよ」フロアにいる、他の客たちとホステスたちに目をやる。その目は言っている、俺は完璧だ。俺は成功者だ。俺は愛されるべきだ。俺は正しい。俺は寂しい、もっともっと頑張りの対価が欲しい。俺を拒絶するな、無視するな、俺、俺、俺。言葉にならない寂しさが「消費欲求」として他者に向かい、その圧力は人を遠ざける。だからこそ仲間内で結託し、そして首が締まっていく。

　どんな言葉も、どんな会話も、意図した通りの意味をなさない。彼らの思うように捻《ね》じ曲げられ、誤解され、決めつけられ、まったく違うものになってしまう、すり替えられる。水商売の女性相手でなくても、多くの男性が無意識にしてしまっていることだったのかもしれない、世間では当たり前のことだった。でも自分らしく生きることを夢みたあとでは、受け入れることが余計に辛かった。言葉というものが、本質的に誰かに届くことを知ってしまったから。ここに必要なのはわたしじゃなくて、彼らの愛と欲望の対象としての〝女性〟だけ。

きちんとまっすぐ歩こうとするのに、いつも違う道を回らされる。ちょっとずつ、異なる役割を与えられる。そのうち言葉は意味を失い、口にすることすらできなくなり、どこに本音があったかすら、自分でもわからなくなってしまった。

ホステスを辞めるしかない。1週間、限界まで考え尽くしたわたしの結論はそれだった。老舗の一流店でこれなら、ほかの店に行っても似たようなものだろう。辞めたところで行くあてなんてもちろんなくて、体に鞭打って時給の低いアルバイトをはしごして、ギリギリ生きていく毎日が待っている。数日先のことを考えただけでも、胸が押しつぶされそうだった。

「労働争議、ですか？」

話は少しさかのぼるが、待機中にベテランホステスの清香《きよか》さんと雑談していたときのこと。最近入店したばかりの彼女に、わたしがここに来るまでの経緯を何気なく話したところ、清香さんは憤慨しはじめた。「そうよ。葵ちゃん、病気を理由に1週間で解雇なんて、それ変よ。労働争議を起こして、異議を会社に申し立てるのよ」

「でも今の体調じゃ会社には戻れないし」

「会社に戻るために起こすんじゃないの。弁護士についてもらって、不当な解雇をしている事実を突きつけて、本来あなたが受け取れるはずだった利益を取り返すの」

労働争議とは、雇用者と労働者の間で雇用条件を巡って争うことを指している。問題を表面化させることで、雇用者と労働者間の妥協点を探すのだ。あとでわかったことだが、雇用条件上、病気を理由に社員を解雇することと、1週間前の解雇宣告は違法行為らしい。よく考えてみれば会社にも数々の手落ちがあったのだが、その非を責めるところにまで意識が行っていなかった。だって毎日、目の前のことに一生懸命だったから。

清香さんは、呆然《ぼうぜん》としているわたしを静かに諭す。「あのね、本当は人が人を採用するって、とっても重いことなの。病気になったから1週間後にはいさよなら、なんてできないのよ」「でも……」「ああ、いいわ。お金がないんでしょう。あたしがいい弁護士を紹介してあげる。さすがに無料ってわけには行かないけど、安くしてもらえるわ。賠償金のうちのちょっとは弁護費用に取られちゃうけど、でも手元にまとまった額は残るでしょう」清香さんはそのほっそりした手で、力強くわたしの肩を揺さぶった。「しっかりしなさい。やられっぱなしじゃダメ。自分の人生をふいにされることを、許してはいけない」清香さんの思わぬ剣幕に驚いて顔を見ていると、ふと視界がじんわりと滲んでくる。涙を落とす代わりに、わたしは何とかうなずいた。

結果的に、清香さんに紹介してもらった弁護士を仲裁人として、会社と労働争議を起こすこととなった。まさか弁護士を立てて来るとは会社側も思っていなかったのか、裁判を恐れて数ヶ月後にすぐに和解となった。その間、段取りは全て弁護士がつけてくれたので、わたしはただ事実を話すだけで済んだ。そして手元には１００万円弱の賠償金が戻って来た。

全ての決着がついたあと、清香さんにすぐにお礼を言いにいった。この恩は絶対に一生忘れません、と清香さんに頭を下げると彼女はちょっと黙ったあと、体には気をつけなさいとだけ言った。そのあと、わたしはすぐにエスメラルダを辞めることになり、彼女とも連絡が取れなくなってしまった。それだけが今でも少し心残りだ。清香さんがどうして偶然職場が同じというだけのわたしに、ここまでしてくれたのかはわからない。でも、彼女の行為は確かにわたしの支えになっていた。前に進め、と言われたような気がして。

きらびやかな世界から降りたわたしは、いくつかのアルバイトを詰め込んで、毎月ギリギリの生活に舞い戻る。イベントスタッフ、デパートの販売員、ホテル従業員。今日生きるためだけに、働き続けた。毎日こんな風に、擦り切れて生きていくのもしょうがないことなのかもしれない。そんなわたしのところに、画面の向こう側から一つのヒントがもたらされた。

「〝28才メンヘラ（性交経験無し）が、女が女とあれこれできる風俗へ行ってきたレポ〟、か……」

２０１７年２月。わたしは池袋にある西武デパートの地下にあるケーキ屋でアルバイトをしていた。大学生時代からしばしばアルバイトさせてもらっていた店で、ホステスを辞めたあと頼み込んで入れてもらったお店だった。お昼の仕事は明るくて、大体がルーチンワークで、どこか寒々しい。休憩時間には立ちっぱなしでむくんだ足を休めるべく、薄暗い従業員専用スペースでパイプ椅子に座って携帯をいじる。情報収集というより、単調な目に刺激を入れるようにTwitterのタイムラインを見ていると、ある投稿が目に留まる。それは、ある女性がレズ風俗を利用した際のレポートを漫画にしたものだった。ボールペンで描かれたそれは、確かな画力と自己心理の深い描写力で、みるみる引き込まれる。公開されたのは２０１５年。すでに書籍化もされているらしく、『さびしすぎてレズ風俗に行きましたレポ』として、特に対人関係に問題を抱えがちな人たちにとっては、よく知られた本らしかった。レズ風俗とキャッチーなテーマだが、内容は作者の長年の生きづらさや孤独、居場所のなさ、誰かと触れ合えない深い寂しさが描き連ねてあり、多くの人が共感しているようだった。

レズビアンだからレズ風俗に行った、というほど短絡的《たんらくてき》な話ではない。人と繋がることができなくて、だったら風俗ならお金を払えば誰かと身体的に触れ合える、尊重してもらえる、男の人は何となく怖い、女の人の役をしなくちゃいけないから、何より恋愛がわからない。癒しと、そんな自分への変革を求めた彼女は、レズ風俗で誰かと触れ合うことで、得体のしれない自分の寂しさと向き合い、少しずつ回復していく。柔らかな線で紡がれたなまなましい心情を追っていくと、自分の中にも似たようなうねりが生まれ、読者も自分の話を語りたくなってくる。そこに描かれていたのは、肉体の接触を通じて客と心を触れ合わせ、新しい人生に送り出していくレズ風俗嬢の姿でもあった。ただのセックスの提供だけじゃなくて、相手の深い悩みや欲望を感じ取り、会話で相手の心に近づくこと。裸という、一切の虚飾も嘘もない場において行われる、究極のコミュニケーション。

これだ、わたしが求めていたものは。

水商売や風俗の〝お客様〟である男性とは、もしかしたら会話で心を通じ合わせることは無理なのかもしれない。でも女性相手だったら？

液晶に光るつるつるした漫画を、もう一度丹念に眺める。今度は風俗嬢に注目して、その行為とやりとりを頭のなかに刻み込む。自分だったら、彼女たち以上にもっとできることがあるかもしれない。奇妙なことだけれど、誰よりも助けを求めているわたしが、誰かを助けたいと思っていた。これってメサイアコンプレックスってやつかな、と思ったけれどすぐに忘れることにする。だって、反芻《はんすう》して自分を抑えたり恥じたりできるのは、もっといい選択肢が残っているはずだと信じている人間だけだから。

30分間の休憩はあっという間に終わり、持ち場に戻らなくてはならない。パンツの右ポケットに入った携帯が、わずかに重くて熱いのが心強かった。むき出しの蛍光灯のもと、暗くて埃《ほこり》っぽい従業員通路を歩いていると、地下からわずかな震えと共に電車が通り抜けていく音がした。

3　大久保でやっと出会えた、本当にしたい仕事

扉が開いた瞬間、そこには海が広がっていた。

奥二重でやや切れ長の目の奥にはブルーグレーのカラコン。目尻に仕込んだパールピンクの隠しライナーで、まばたきするたび白目に光の粒がきらめく。黒髪のツインテールは肩先でクルリと外側にはねて、毛先まで丁寧に表面を整えられてまるで鋼のよう。パッツンにした前髪は長めで目元ギリギリ、眉は見えない。薄くてちょっとめくれ上がったような唇には色の濃いティントリップが塗られている。唇がさみしいと貧相に見えちゃうから、濃いリップが好きだと、本人が以前 Twitter で言っていた。大きく開けたデコルテには華奢だけどはっきり浮き出た鎖骨、息をするたびメイド風ビスチェの下で滑《なめ》らかな肌が上下する。ピンクのコルセットに包まれた腰元は薄くすらりとして、その

下に広がるパニエの下の脚はまっすぐな骨に沿って吸い付くように細いが、膝といいくるぶしといい、骨格はしっかりしている。

「わ、こんにちは。えりかさんですよね。お待ちしてましたー」

お風呂上がり、ではないと思うが、1日が終わってくたびれているようにも見えない。夕方ごろにこんな風に新鮮に微笑むことができる人が他にいるだろうか。清潔で、新品。そしてきっと正しい。何の過去も未来もしがらみも負っていない、軽くて、この瞬間のためだけに現れたみたい。

大きく扉を開けて部屋の中に迎え入れてくれた。瞬間、部屋のなかの暖かい空気に体を包まれる。薄手のセーターのわずかな隙間が風で膨らみ、なぜか体が軽くなったように感じた。

「あ、お邪魔します。今日、16時からのプレイコースを頼んだ井沢です」

招かれた部屋はまさしく普通のマンション、手狭な八帖一間で1ヶ月8万から9万の間ってとこだろう。玄関の先にはこぎれいで小さめのキッチン、部屋のなかでもっとも広いスペースにはテレビに冷蔵庫、ローテーブルには薄いクッションが二つ置いてある。そして、その横には真新しい白いシーツに覆われたベッド。やや殺風景で物が少なすぎることを除けば、きれい好きの女の子の部屋に遊びに来たのと変わらないような光景だ。なんとなく無意識に彼女のバッグや飲みかけのペットボトルといった、生きている痕跡がないか探してしまうが、どこかに隠してあるのか見当たらない。

わたしは彼女の視点に立って観察しようとする。このワンルームの主、慣れた手つきで新規のお客を案内する、百戦錬磨《ひゃくせんれんま》の風俗嬢。カラコンの奥の澄んだ瞳は、わたしの無遠慮に行き交う視線をすべて受け止めて、そしてそっとわたしの側に押し戻す。この人の瞳は、海だ。

客間に通されると、鼓動は早鐘《はやがね》のように胸を打ちはじめる。わたしはローテーブルの前のクッションに座って、彼女にわずかににじり寄る。彼女は、そんなわたしの様子をさも慣れているとでもいうように、平然と微笑んで見ている。

何かを言わなくてはいけない。もし言うなら、それはただ一つ。

「ずっと、あなたに会いたいと思ってました」

２０１７年４月、わたしは総武線大久保駅近くの、とあるマンションの一室にいた。ＪＲ新大久保駅から少し離れた総武線大久保駅付近まで来れば、第三次韓国ブームに沸く街の喧騒《けんそう》は届いてこない。薄暗くて少し寂れたような、日本のどこにでもあるような人家が続いている。ここに来たのはほかでもない、レズ風俗の業界でずっとトップを張ってきた人気キャスト、なの葉《は》さんに会うためだった。わたしがレズ風俗嬢になるための、最初で最後の「お手本」として、わたしは彼女を買い、そして抱かれにきたのだ。

＊

さかのぼること1ヶ月前、わたしは自宅マンションでいくつもの風俗サイトと格闘していた。まずは在籍するお店を探さなくては。レズ風俗で働くというアイデアを思いついたときは最善だと思えたが、調べだしたら早くも暗雲が立ち込めた。前述のコミックエッセイのヒットも手伝ってかサイト検索する限りではたくさんのお店があるようだが、多くの店のＨＰを見て絶句してしまう。

「なにこれ……」

サイトＵＲＬをクリックすると、派手なロゴと共にバストとヒップを強調した下着姿のグラビアアイドルのような女性の写真。バックにはショッキングピンクのくびれたようなハートが散っている。

「お待たせいたしました！　桃尻御殿に新しい娘《こ》が入店ッ！　ツンッと上を向いたヒップとＦカップのふわふわダイナマイトバストが魅力のせいらチャンです！　まだ学生さんであどけないのに、すでにエッチなことに興味津々のご様子。今なら自分の好きな形に調教できちゃいますよ(*´▽`*)できるプレイにも幅があって、あなたの好みに染め上げちゃってください！」

ド派手なページデザインとお店側のノリノリのコメントの割に、本人からは「慣れていませんが、頑張りたいと思います」という淡白なメッセージ。身長、体重、スリーサイズ、趣味、性感帯、好みのタイプと、最後に可能なプレイの選択肢が続く。ここに自分が載せられるのかと思うと、途端にめまいがしてしまう。

ひとまず片っ端からサイトを調べた結果、どうやら大抵のレズ風俗のサイトはこんな体裁になっているらしい。これは後でわかったことだが、女性向け風俗はほとんどの場合、経営者が男性なのだ。しかもレズ風俗だけを経営しているのではなく、あくまで本業は男性向け風俗で、女性向けサービスはサイドビジネスとして展開していることがほとんどだ。サイト設計や風俗嬢の管理には慣れているが、それは男性向けサービスをそのまま女性用として転用しているからで、「レズ風俗」といっても男性向け風俗と同じような作りになっている。派手なページデザイン、顔を隠した女の子たちが明るい光線のもと下着姿で際どいポーズを披露し局部を見せつけるように肢《し》体《たい》をくねらせ、胸のサイズはいくつ、くびれと体重はこれぐらいとはっきり示している。もちろん年齢もしっかりと載せられ、20代前半が圧倒的に目立つ。女の子は、何も知らないけれどエッチなことがしたくてたまらない子と、経験豊富で色んなセックスがしたい年上のお姉さんのどちらか、ということにされている。何も知らないウブか、何でも知っている手慣れたプレイガール、人間が好むのがこの２パターンに集約されるのは女性でも男性でも一緒、ということなのだろうか。

　レズ風俗らしい点といえば、キャストに通称ボイと呼ばれるボーイッシュな子や、男女どちらともつかないような見た目の、中性と表記される人がいること。なお、女性的な見た目の人はフェムと明記される。見た目以前に、キャストの性自認、性的指向も明示されている店が多い。お客さんによっては男性と経験のない人でないとだめ、という人もいるから、キャストがレズビアンかそれ以外かを表記させているようだ。

　さらに、性行為における受け＝ネコか、攻め＝タチかは必ず宣言させるようになっている。どちらも可能な人はリバと表記される。もっとも、これはゲイ業界でも使われている用語なので、レズビアン業界専門用語ではないけれど。同性愛の界隈ではセックスの指向性を明確にさせることを好む。それはどちらがリードする側なのかわからないと、惹《ひ》かれあっていざ致そうとするとあら合わない、なんてことも起こり得るからだ、と大学の同期の誰かが言っていた。でも、男女の間だってどちらが行為でリードするかは実際にしてみないとわからないのだから、同性愛だけ性的指向をオープンにしないといけない風潮は本来おかしい。それなら異性愛でだって受けか攻めかはっきりさせる傾向があってもおかしくないじゃないの。そんなことを大学でディスカッションしたこともあったっけ。

要するにセックスのお相手を選ぶための情報は、すべてここに明記されているってこと。でも本当に？　見た目とか体重とか胸のサイズとかそういうもので、たとえ風俗の一時の相手だとしても決められるものなのか。数万円払って、自分と寝るのはこの人間だとこれでわかるのだろうか。相手を選ぶということは時に残酷で、それがセックスとなればなおさらだ。何かを切り捨て、自分の欲しかったのはこれだと無理やり型にはめて納得させる。

女の子の紹介欄に目をやると、こちらの目を刺すような誘い文句が並んでいる。早く会いたい、遊びたい、いちゃいちゃしましょう、コスチュームプレイもオッケーですよとノリがいいのに、どこか簡素で実態の窺い知れない感じがする。足は太ももをギリギリまであらわにし、胸の谷間はこれでもかとはっきりと見せてくれるのに、その顔だけはぼかしかスタンプで隠されていて、美肌加工をしたその向こう側にどんな表情が隠れているのかわからなかった。

もはや嫌気が差しながら膨大な風俗嬢情報を延々とスクロールしていると、あるページが目に留まった。

「初めまして。数多くいるキャストの中で私の紹介ページを見てくれて、本当にありがとうございます。少しだけ、私の話をさせてください。この紹介ページで全てを語り尽くすことはできませんし、言葉は誤解を招きます。でも、それでも貴女《あなた》に伝えたいことがあるのです。

　私はこのデリラブに在籍している、なの葉と申します。故郷の福島から出てきて、この業界で働いて1年。子どもの頃からずっと女性に関心があり、性的なことにも興味がありました。でもなかなか田舎《いなか》ではその欲求を叶えることも難しく、もっと自分の性の可能性を極めたいと思って東京に出てきました。業界の何も知らない私をお客様が支えてくれて、今は嬉しいことに、いろんな方が会いに来てくれるようになりました。

　今、あなたはどんなことを考えてこのページに来てくれましたか？

　ちょっと寂しい、誰かに抱きしめて欲しい、恋愛をしてみたいけれど怖い、思いっきり遊んでみたい。女性が好きだけどしたことはない、性に悩みを抱えている、とにかく誰かに話を聞いて欲しい、誰にも話せないことがある。きっといろんな状況に置かれている方がいらっしゃると思います。自分に自信が持てない、恋愛経験がなくて恥ずかしいというお客様もいました。私に会いに来てくれるお客様の欲求は様々です。私はこの店のキャストとして、その欲求の手助けとなるべくここにいます。

　残念なことにここに来ていただいても、その悩みや欲求の全てを解消できないかもしれません。そもそも人の欲望は尽きせぬもの。満たされてもまた次の欲求が出て来るものです。私はキャストとしてここにいるため、貴女の抱えている悩みに対して何か治療したり解決したりすることは不可能でしょう。でも、一緒に向き合ったり考えたり、前に進めるように手助けはできると思います。性に関するご相談も可能です。心も体も元気になって、また頑張れるようなお手伝いを心がけています。貴女の気の置けない、一人のパートナーでありたい。世界でたった一人の貴女に会える日を楽しみに、お店で待っています」

　この誠実さ、人としての真面目さは何だろう。プロフィールもしっかり埋めてあって、この人のページだけ文字量が多く異様な印象すら受ける。生きている。この人は生きている。今までまったく感じられなかったキャストの存在が、この人のページだけ感じられる。ページをスクロールしてさらに驚く。そこにいたのは、ピンクのコスチュームに身を包んだロリータ少女だった。

　黒髪をツインテールにしてリボンで結び、顔は白くちょっと地味なような幼いような。服はメイド風で腰のくびれから下はひらひらとフリルがのぞき、露出させた足にはレースのニーハイソックス。キャストの写真欄を見ていくと、メイド、ゴシック、シスター、フリフリの水着と、彼女のお気に入りらしいいくつもの衣装が拝めるが、他のページの子のように、煽情的《せんじょうてき》なポーズをしているわけでもなく、風俗嬢というよりもさながらコスプレイヤーのようだ。キャスト写真のラストの方には手錠をかけられこちらを見上げるようなアングルで撮られたものもあって、そのときにようやく風俗サイトを見ていたのだと思い出したくらいだ。年齢は22歳。わたしとほとんど変わらない。年齢の横には〝デリバリーラブ！　指名ランキング12ヶ月連続1位！〟という称号が輝いている。調べてみると、その界隈では有名な風俗嬢らしい。業界に彗星《すいせい》の如《ごと》く現れ、在籍するやいなやたちまち指名ランキング1位で何ヶ月もトップを独占中。ファンクラブも存在し、彼女がイベントをすると多くの女の子たちが殺到する。女性向け雑誌やウェブメディアにも登場するぐらいの人気っぷりで、芸能人とも繋がりがあるという。華々しい活躍と人目を引くような容姿の風俗嬢なのに、あんなに丁寧で心のこもった言葉を使うというギャップ。すべてがわたしのなかで噛み合わず頭がクラクラした。さすがに目が疲れていったんサイトを閉じたものの、気付くと何度か彼女のページを見返してしまう。

　ギャップがあって驚いたからだけじゃない、わたしは彼女の誠実さに惹かれていた。この業界で、こんな風に誠実でいられるなんて、ほとんど奇跡に近いことではないだろうか。レズ風俗に限らず、水商売はいかに相手に夢を見させるかが重要だ。相手の願望を充足させるために、表面を取り繕《つくろ》い嘘をつき、その裏では舌を出す。言葉は相手をおだててのぼせさせるためにあって、相手に向き合うためにあるわけじゃない。いい気分にさせてくれるが、終わった後でなぜか寂しさが残る。わたしはそんな業界にあって、もっと嘘のない何かを提供したかったのだ。ネットから垣間《かいま》見える彼女の仕事ぶりは、まさにわたしがしたいと思っていたことそのものだった。

彼女はいったい何者なんだろう。こんな変わった人を在籍させているぐらいなのだから、お店も遊び心があって、女性の気持ちに寄り添う姿勢が少しはあるのかもしれない。雇用条件、勤務形態を念入りに見て、そこに在籍している自分を想像してみる。やや違和感はあったが、まあ仕方がない。期待と不安とはやる心を抑えつつ、やたらキラキラした問い合わせフォームから入店希望を送った。明日か明後日には返信がくるだろう、とりあえず今日はもう寝よう。閉じようと手をかけたパソコンのなかではブルーライトに照らされたピンクの魔法少女がこちらをみながら、魔法の杖を振り回していた。

3日待った。来ない。何の連絡も返信もない。お店が休みで稼働していないのか、と思いきやTwitterでは元気に今日も宣伝投稿をしている。どうやら振られたらしいと気付き、めげずに条件と感じが良さそうな他の店に問い合わせてみるが、軒並み返信すらない。わたしには女性経験もあるし、遊びといえば一通り知り尽くしている。年齢だってまだまだ若いはずなのに、なぜ。

この業界に飛び込んでから知ったことだが、そもそもこのレズ風俗界隈は市場のパイが小さい。数年前に例のコミックエッセイが出たことで一時的に業界が盛り上がり、雨《う》後《ご》の筍《たけのこ》のようにレズ風俗店ができた。しかし、実際に利用する女性客は男性用のそれに比べれば少なく、市場はそもそもそんなに大きくないのだ。そこに加えてレズ風俗で働きたいという女性は多い。元は男性向け風俗で働いていた人が、稼ぎは落ちても、もう少し「楽な」条件で働けないかとレズ風俗に流れてくるからだ。または副業で何か始めたいが男性向け風俗や水商売はいや、という人も多いと聞く。もちろん、もともとレズビアンやバイでたくさんの女性と接してみたい人や、性的なことに興味があってこの業界に飛び込んでくる人もいる。少ない客を多くの風俗嬢で奪い合っている状況だから、この業界でお客がついて稼げる人は一部に限られるし、風俗一本で安定してやっていけるのは本当に一握り。ブームに惹かれて登録してみるけれど、お茶引いてばかりで稼ぎにならないからさっさと消えていく子も多い。お店も細々とやっているように見せかけて、実際には稼働していないケースもある。レズ風俗はオーナーが男性向け風俗を本業にしてやっていることが多いから、稼ぎたがっている子は結局、そのままスライドして男性向け風俗で働くことを促されるケースもあるらしい。または、男性向け風俗店に採用したいために囮《おとり》物件としてレズ風俗の看板を掲げている悪質な店すらあると聞く。うちではね、実は男性向けもやってるんですよ。ほら、やることは女性向けとあんまし変わんないでしょ？　やっぱりお金が欲しいならこっちをおすすめしますねー。そして泣く泣く男性向け風俗嬢に転身するのだ。レズ風俗業界は、外側から想像するような楽で簡単な仕事じゃないよ——そんなことをわたしに教えてくれたのが久住《くすみ》だった。久住はわたしをこの業界に引き上げてくれた最大の功労者であり、そしてこの仕事を本業とするきっかけをくれた人だ。

選ぶというよりも手当たり次第にお店に連絡を取ってみるが、ほとんど返信すらない状態が続き、1店だけようやく返答がきた。やっと自分をアピールする場ができたと意気込んでいたら、相手の返答は硬くドライなものだった。セクは？　いくら稼ぎたい？　固定客持ち？　なんでここで働きたいわけ？　夜の業界は、連絡が簡素なところが多いが、それにしてもあまりある。トンチンカンな返答も多く、そこは危ないかも、と、面接もやめにしてしまった。そうしてたどり着いたのが久住の経営する「ファーストレズ」だった。

ＨＰのデザインも仰々しく、背景で下着姿のお姉さんたちが舞い踊る、風俗感満載のサイトで当初は避けていた店だったが、もう選択肢がない。場合によっては囮物件かもしれないとは思いつつ、問い合わせフォームから入店希望を送る。すると応募して数時間後にはすぐにメールで連絡があった。

「応募ありがとうございます♫さっそく面接したいんですけどお日にちどうしましょ(^^)」

目を疑った。あれだけ漕ぎ着けるのが大変だった面接をあっさり提示してきた。拍子抜けしてしまって、本当にコミュニケーションのできる相手なのか確かめたくなった。「女性の心に寄り添えるサービスとこれまでの経験を活かした働きがしたい」という思いを風俗の業界では面食らうような硬い長文にして、LINEでぶつけてみる。しかし相手はまったくひるまず、「大丈夫です(^^)ぜひ一回面接に来てください!!」。

これまで相当苦労したからこそ、歓待されると逆に疑わしくなってしまう。内心怪しみつつもひとまず池袋で面接の約束を取り付ける。「3月◯日、午後5時に池袋北口のロータリーで待ち合わせで。あ、身分証だけ持って来てください」

面接当日、わたしは気合が入っていた。クローゼットの中で一番真新しいブルーのワンピースに身を包み、足元は傷一つないパンプス。手の爪の間も綺麗にしささくれもなし、髪の毛も表面を整えて清潔感を出す。ファンデーションを肌の上に滑らせると、そばかすや目の下の隈は吹き飛び、つるりとして小ぎれいな人間がそこにいた。

電車に乗って、池袋北口のロータリーに立つ。その年の3月末の東京は、桜も咲いたというのに空気も冷たく冬のような曇天《どんてん》が続いていた。薄手のスプリングコートに身を包んだ人々は、飛んで来た桜の花びらが風で転がって行くように、厳しい風に吹かれながらどこかに行き急いでいる。日差しは少しだけ熱を帯び、じっとしていれば暖かくなってくるが、この都会の昼間に立ち止まっていられる人間はいない。サラリーマンたちは早足で現れ、そしてどこかに行ってしまう。わたしがなりそびれたもののことを、思った。

　つい先月まで、当座しのぎのアルバイトとしてわたしはホテルの従業員をしていた。新宿にあるビジネスホテルで、利用客は外国人観光客がメインで英語の使用は必須、館内にはどこの国ともしれないような言葉が飛び交う。わたしは朝早くにカウンターに立って受付をし、チェックインの処理をして荷物を運び、宿泊客の問い合わせに対応する。ホテルは巨大な空港のようで、宿泊客がそれぞれの都合で出たり入ったりを繰り返し落ち着きがない。東京駅に18時に到着するバスが知りたい、この近くで美味しい居酒屋を教えて欲しい、部屋にお茶がない、故郷に荷物を送りたい――ニーズは客によって様々だ。忙しく体力勝負の仕事だが、従業員が自由にやれる幅も広い。今月の生活費を稼ぐのが目的だったが、今ならまだ昼の仕事に戻れるのではないかという期待もあった。体調も復活してきた今なら、もしかして。

　幸いなことに、わたしはそのホテルの女性マネージャーには良くしてもらえていた。わたしの昼の仕事をしたいという熱意、そして一生懸命取り組む姿勢を評価してくれたのかもしれない。ルールとマニュアル、一つの目標を叶えるべく教える方と教えられる方。それは久々に感じた社会人としてのテンポとリズムだった。このまま習慣として身につけられれば、いずれ乗り越えられるかもしれない。しかし、現実はいつもの調子であっさりとわたしの行き先を閉ざした。

マニュアルは完璧に覚えている。客の前で一分《いちぶ》の隙もなく振る舞うこともできるし、何を言い出されても動じずにいられる。しかし、どうしても朝早くに家を出て一日8時間働くことができないのだった。昼の仕事で正社員として働くには、既存《きそん》のルールやシステムに合わせる必要がある。ある特定の業務だけではなく、すべてをムラなくカバーする必要がある。当たり前のように設定されているそれは、わたしからすると驚異的なレベルだった。無理やり自分を型に嵌めようとしても、必ずどこかで帳尻《ちょうじり》が合わなくなってしまうのだ。頭の中はやるべきことが見えているのに、なぜだかどんどん動けなくなる。朝起き上がることができない、出勤しても疲れてまともに働けない。わたしより何もできないのに、とりあえず出勤することができる人が重用されて行く。次第に心も足も重く鈍くなり、結局そのホテルのアルバイトも辞めざるをえなくなってしまった。

わたしには、夜の仕事しかない。数日前、桜井が電話してきてくれたときにそんな話をした。その頃には桜井は家に来る代わりに1週間に1回、電話をくれるようになっていた。

「やっぱり、わたしに昼の仕事は無理みたい」

「そっか」

「どんなに頑張っても、結局、またそこに行きついちゃうみたい」しょうがないよね、とわたしが言うと桜井は変わらない調子で言った。

「えりちゃんの輝ける場を、見つけたいね」

「うん」

人は配られたカードで勝負するしかなくて、わたしには決して良い手札ばかりが来たわけではないけれど、それでも生きている限りゲームは続く。

「あ、そうだ。この前、出会い喫茶に出てみたんだけど、そこで会ったお客さんが『君はこの先、光ると思うから頑張りなさい』って言ってチップくれたんだよ。しかも7万円も」

「すごいじゃん。そう思わせたのは、何だったんだろうね」

人生は不思議なもので、信じていた人には裏切られたりもするけれど、時には思いも寄らなかった人から助けてもらえることがある。特別にチップをくれたお客さんも、労働争議の支援をしてくれた清香さんも、そしてわたしを心配してくれている桜井も。その繋がりは点でしかないけれど、間違いなくその人たちがわたしを前に押し出してくれている。

今度はレズ風俗で働こうと思う、とわたしが言うと、上手くいって落ち着いたら、今度はえりちゃんからも連絡してねと桜井は言った。ずっと待ってるよ。

わたしは往来を見まわし、久住を捜す。彼はこちらから見つけると言っていた。こんな場所で本当に見つけられるのだろうかと、北口の開けた道路でそわそわと周囲を見回していると、目の前にすっと黒いワンボックスカーが滑り込んで来る。きっちりわたしの前で止まると、ドアガラスが下がって行く。まさか。

「あー、井沢さん？」

「えっと、久住さん、ですか？」

「はいはいそうです」その人の良さそうな男はあっさりにっこりとした。

「……車？」

「うん、どうぞ乗って」

ガラリと無遠慮にドアが開いた車に警戒しつつ乗り込むと、車内には薄くラジオがかかっていた。陽気な曲と共に歌うようなリズムのパーソナリティーの声が響いている。誘うようでからりとした声を久住がパチリと切ると、途端に車内は静かになってしまう。ワンボックスカーは風俗嬢の送迎用のものなのだろうか、4座席シートでやたら広く、タバコと車独特の淀んだ匂いがした。危険を感じたらすぐ降りられるようドア近くで縮こまって座っていると、久住がこちらに振り向いた。「あ、どもー、あらためまして久住です。井沢さんですねー」髪は茶髪で天然パーマなのか顔まわりでくるくるとうねっている。にっこり笑うと厚めの唇から黄色がかった歯が覗く。座っているせいでよく見えないが、黒いTシャツに包まれた体は肉付きがよく、脂肪としか名付けえないもので膨《ふく》れていた。風俗店の経営者、というより陽気な遊び人といった風貌だろうか。とはいえ油断は禁物だ。渡された面接シートに記入しながら、脇にはバッグをしっかりと挟み身を硬くしておく。久住はびっしり書いて真っ黒になった面接シートと身分証を受け取ると、ふんふんと読んでいる。

　わたしは急いで言った。「わたし、即戦力になれます。女性経験もあるし、実践でも強いと思います。大学ではジェンダーやセクシュアリティについて勉強してきたので、性の知識はあります。ホステスの経験も積んできたので、人当たりの良さにも自信があります」何が何でも、採用してもらわなくてはならない。ここまでの経緯をすべてつまびらかにしても構わない、そんな意気込みでいたら、久住はさらりと面接シートと身分証を返して言う。

「はい、採用です！」

「えっ」

「いいですね。直近、いつから働けますー？」

「あ、えっと検討とかしないんですか？」体にじんわりした熱を感じる。

「キャストにするかどうかは僕一人で決めてるんで、大丈夫ですよ。採用です」

全身の力が一気に抜けた。座席シートにぐったりともたれかかってしまう。こちらの様子は全く気にしない様子で久住は言う。「うちのシステムってわかってます？　リピーターの本指名がつかない場合は、お客さんの要望に合わせてそれに近いキャストが派遣される仕組みです。井沢さんも最初は指名じゃなくて、こっちが割り振ったお客さんに対応してもらう形になると思いますんで」

　つまり、客はキャストの詳しいプロフィールを知らないまま始まるってことか。

「とりあえずLINE教えてください。予約入って条件合致しているお客さんがきたら、確認として連絡します。そこでオッケーだったら予約確定です。うちは事務所はないから、当日は自宅から直接お客さんの指定した場所に向かってもらう形です。無断キャンセルはもちろんＮＧ、直前だと給与から差し引かせてもらってます」詳しくはこれを見て、と入店システムと報酬体系が一覧となった紙を渡される。

「あ！」久住が大きい声をだす。そうだ、忘れてた！　うっかりうっかり。「うち、プレイの事前研修とかないんすよ。でもまあ、井沢さんの経歴ならいけると思いますんで」店によっては、新人に対してプレイの指導が入ることがある。特に女性経験がないまま入店してきた場合、客をリードするのは容易ではない。そのため、接客の流れや準備、最低限のプレイの仕方を実際の研修で学ぶのだ。ただし、それをしてくれるのは一部の大型店舗だけでほとんどの店はその余裕がない。研修を担当する先輩キャストに報酬が発生するので、次々に入ってゆく新人の教育に投資できるほど経営に余裕があるわけではないのだ。

わたしはいけますと即座に答えた。別に嘘をついたわけじゃない、自分ならできるだろうという目論見《もくろみ》はあったし、一人だけ、実地研修に相応《ふさわ》しい人がいたのだ。

どうせなら家の辺りまで送っていくよ、と久住は車を走らせる。乱暴でもなく丁寧ってわけでもない久住の運転で、あっという間に池袋の街は光と線となって都市に溶けていく。ワンボックスカーは飛ぶように軽く走る。車の振動が心地よく体を揺すぶり、久住は楽しそうに鼻歌を歌いながら飛ばしている。街は夕暮れを迎えようとしていて厚い雲を食《は》むような夕陽が時折ぎらりと眩《まぶ》しい。希望と不安、そのどちらに突き進んでいるのか、わたしにはわからなかった。

*

「ずっと、あなたに会いたいと思ってました」

わたしは目の前にいる日本でも屈指のレズ風俗嬢に言った。それを聞いて、なの葉さんは口元だけですらりと微笑む。「すごく嬉しいです。そんな風に言ってもらえるなんて」お風呂にお湯をためている間、わたしは彼女に向かって思いの丈を打ち明けた。あなたのことはずっとTwitterで見ていた、この前出ていた番組面白かった、個性的な世界観でやっているのはなぜ、最初から人気だったの、どうしてこの業界に入ったの、仕事は辛くないの。もちろん、答えられる範囲でいいとは前置きしたが、質問するごとに彼女は辛抱強く丁寧に答えてくれた。こちらの意図と気持ちを汲み、先回りし配慮して、でも誠実に話す。まさしくあの文章を書いた人だ。そしてこの業界のトップでもある。

　わたしは彼女に学ばなくてはならなかった。やっと見つけたこの仕事を失うわけにはいかない。事前にネットで彼女の仕事ぶりは知っていたが、自分の体で体験したかったのだ。そういえば、彼女ほど有名になると、お客さんが利用した感想をブログや投稿サイトで書いてくれるようになる。彼女と一戦交えた人たちは色めき立ってあんなことしてくれた、こんな風に言ってくれたと報告しあっていた。ある客は言う。「なの葉さんは『早くしたい。もう待てないから行こう』って言って手を引いてバスルームに連れていってくれたんです、その時もうキャーッとなっちゃって。その後もずーっとキュンキュンしっぱなしでした」この見た目でそんな格好いいこと言うんだ、ギャップ萌えってやつなのかな。

　すでに会ってから1時間が経過していた。だんだんと用意してきた質問も尽きて、これ以上話し続けようとすると不自然になってくる。やることが少なくなってくれば、時間は途端にゆっくりになる。残すはもう、プレイをするだけだ。

「えりかさん」彼女はすっと立ち上がる。

「はい」偽名を使ってもよかったのに、予約したときにえりかと名乗っていた。

他の客と同じようにあのセリフが来ると思いきや、彼女はくるりと振り返って笑顔で言う。

「お風呂、入りましょっか」

呆気《あっけ》に取られてしまう、あれはいつもの決まり文句じゃないんだ。柔らかく乾いた手に引かれて備え付けのバスルームに向かう。一人暮らし用のマンションにもかかわらずお風呂だけはしっかり広い。焦《じ》らしたり見せつけたりするように脱ぐのかと思いきや、なの葉さんはあっさりと脱いでいく。魔法少女の脱衣。慌ててわたしも勢いよく服を脱いだ。

　服を脱ぐと、なの葉さんは慣れたようにこちらに向きなおる。体は薄く骨に沿って痩せていて、クリームベージュ色の肌のしたに、骨のありかがところどころはっきりわかる。意外と肩幅は広く、なだらかな胸の下にはゆるやかなカーブが続き、わずかに出っ張った腰骨が滑らかな肌を横に押し広げている。いつの間にかリップを落とした彼女の姿は、ブルーグレーのカラコンも相まってさながらアンドロイドか人形のようだった。体を見られることに、慣れている人の身のこなし。

　浴室に足を運ぶと、床はさらりと乾いていて温かい。生活感の一切ない浴槽に、なの葉さんはまっすぐな足を沈める。わたしもお湯に身を浸して、小さく膝を抱える。なの葉さんの間に座って、後ろから抱きしめてもらうような形になる。そういえば、あのコミックエッセイにも客と風俗嬢が入浴するシーンがあったっけ。なの葉さんは後ろから、そっとわたしの肩に顎《あご》を乗せてくる。体重をかけるのではなくて、ここにいるよというように。

「えりかさん、いいなあ、お肌がスベスベで」

「褒めてくれるんだ、ありがとう」

「もしかしたらリップサービスかもって思われちゃうかもしれませんけど、本当に良いと思ったところを褒めてます」

「そうなんだ……」

「本当に人に向き合いたいなら、お世辞を言っている場合じゃありません。それは人のためじゃなくて、自分を良く思われたいためにしているだけだから」

「……人に求められていることを言うときもあるでしょ？」

なの葉さんは少しだけ黙る。「お客様が求めていることに、無理やり自分を合わせているのとは違うかな。何を求めているのかは一生懸命考えますけど、私ができることは限定的ですし、限度設定はしてます。でも、その範囲内だったら頑張る。それが私の望みだしお仕事のポリシーでもあるから」

わたしのポリシーは、なんだろう。

体を洗ったあと、バスタオル一枚を身につけた彼女は、そっとすべやかに白い手を差し出す。「来て」

なの葉さんは、ベッドの上でわたしに触れた。なの葉さんの接客スタイルはプレイにも貫かれていて、そのきめ細かさに驚かされる。何か決まったやり方やテクニックがあるのとは違う。相手の反応をよく見て、それに細かく合わせていくのだ。その呼応と読み取りが入念で、相手が少しでも乗り気でなければ、別のアプローチやテクニックにすばやくスライドしていく。反応があったことは何度も試して強めていく。無理してやっているのではなく、なの葉さんが楽しんでしているのだと伝わってくる。嘘がなくてすべてが自然だから、客も自分の欲求や快感に安心して集中することができるのだろう。気が付けば、わたしの意識もどこか遠くの方にあった。

すべてが終わった後、真っ白いシーツに包《くる》まりながらぼんやりと天井を見上げる。どこまでも下に沈み込んでいきそうな意識の中、なの葉さんの声だけがどこからか聞こえてくる。彼女の声は質量があるみたいに重い。「こうしていると眠たくなっちゃいますね」「でも寝ちゃだめだよね、残り時間が限られてる……」

なの葉さんはスプリングのきいたベッドの上で跳ねるみたいにして、向かい合わせになって聞く。「これから何してみたいとかあります？」わたしの頭は密かに冴えてくる。言わなくてはいけないこと。

「あの、わたしもこの業界で働こうと思うんです。ごめんなさい、ずっとトップでいるなの葉さんがどんな風にしているのかどうしても知りたくて、今日は来たの」

なの葉さんは丸い瞳をまぶたでほんのり細める。さすがに気を悪くしたかと思いきや、まったく変わらないトーンで「そうなんですね」と答えた。わたしの手をそっと取り、自分の手と重ねて空に掲げる。

「うまくいくといいですね。きっとえりかさんなら、いいキャストさんになれると思いますよ」わたしはその手の向こう側にあるものを見ようとした。

なの葉さんがそのとき教えてくれたことを、もう一つだけ覚えている。

「私たちは待つ側なんですよ」

「待つ側？」

「この仕事はデリヘルなんて呼ばれるわけですよね、お客様に呼ばれてやってくる。でも私からすれば、キャストは待っている立場なんですよ。呼ばれない限り、誰とも会うこともない。時々、その後どうしているのかなって思うお客様もいます。でも、私からは連絡が取れない、それは仕事のルールに反するし他のお客様を裏切ることになる。私たちは会っている間だけの関係、でも終わった後もお客様の人生は続く。それを気にするなんて私のエゴでしかないわけですよ、自分が心配してどうにかなるの？　そう聞かれたら答えられません」

ごろりと寝そべって声が平たくなっても、この人は調子が変わらない。どこまでが本音でどこからは建前なのかわからない。

「リピートされない限り、人との付き合い方は細切れなんです。お客様との出会いは基本的に1回限りなんですよね。だから信じて待つことしかできません。お客様の真意なんて、そうは言ってもわからない。会っているときよりも、会えないときの方が苦しいこともある。それに耐えることが一番大変な仕事かもしれない。考えない、気にしない。でもたまに思い出しちゃうときはやっぱりありますね」

　あの人、元気にしているかなって。

　春の気がはやい西日の射す頃、シャワーを浴びて服を着た帰り際、なの葉さんはこちらを振り向きながら聞いた。「最後にキスして行きます？」わたしは首を横に振って言った。

「代わりに、抱きしめてくれませんか」

　なの葉さんは、「このちっぱいでよろしければ」と腕を広げた。わたしたちは抱擁を交わした。恋愛でも友情でも家族でもない、何にも当てはまらない真ん中で。

　最寄りの大久保駅まで、なの葉さんは送っていってくれる。今日は他にも予約があるのだろうか、と通り過ぎる電車の轟音《ごうおん》を聞きながら何となく思った。駅のホームは暴力的なまでに明る過ぎて照らされるのに抵抗すら感じる。「もしよかったら、また来てくださいね」改札の向こう側で小首を傾《かし》げている。この人らしいしこりのない別れ方。

「待ってます」

わたしは、無言でうなずいた。

その3日後、LINEに連絡が入る。

「1週間後、予約が入りました。30代、名前はじゅりさん。17時、場所は新宿で待ち合わせ」

4　初仕事、待ち合わせは新宿伊勢丹前で

伊勢丹の化粧室の鏡は困る。肌が綺麗に顔色よく見えて、ちょっとテンションが上がるのがいいんだけれど、こんなときばかりははっきり映して欲しくないなと思いながら口紅を塗る。パッと印象が明るくなる、ティントレッドカラー。ふと隣を見れば、待ち合わせ前と思《おぼ》しき人たちが、熱心に自分の顔に粉飾を施している。これからすぐ落ちてしまうことを前提として化粧しているのは、自分だけかもしれないと思うと不思議な気持ちがした。

２０１７年４月末頃、わたしは伊勢丹新宿の女性用化粧室にいた。レズ風俗での記念すべき初出勤日、待ち合わせ前の最後の点検と称してここにいる。久住は前日にLINEで言っていた。

「初めは緊張するかもですけど、なんとかなりますよ頑張って（^^）」

なんという軽い連絡、思わず脱力してしまう。まあ実際、やってみるしかないのだ。

仕事の手順は何度となくそらんじてきた。待ち合わせて相手の名前を確認、自分の名前を名乗る。道すがら話をして相手の情報や状況をそれとなく聞き出す。ホテルについたら相手の洋服をハンガーにかけて、スマホのアラームをセットする。お会計は必ず最初に。ちょっと喋って、行為に挑む。久住の店のヘルスコースは最短はショートタイムの60分コースで、これは正直かなり短い。もっと長い時間のコースもあるが、風俗の利用経験のない女性からの圧倒的人気は、お試し感覚で利用しやすいショートタイムらしい。ホテルまでの道中を時間外にするとしても、プレイ時間はほとんどない。最低でも2時間程度は接客時間が確保されたホステスよりも、短い時間での勝負だ。その限られた時間の中で相手のニーズを引き出し、満足させなくてはいけない。

　顔をあげると鏡の中にはわずかに顔を引きつらせた無表情の女がいた。顔色は少しだけ白い。ホステスのときみたいな１００％の媚《こび》は見透かされそうで、どうすれば良いのか迷った。睨《ね》め付けるような目の向こう、裸眼の黒目はちらちら揺れている。カラコンをしてこなかったことを少し後悔する。久住の事前情報によると、今日のお相手の名前はじゅりさんで年齢は30代らしい。登録時に入力してくれた情報はそれだけ。オプション指定や備考欄に申し送り事項がない限り、予約時にわかる情報なんてほとんどないに等しい。わずかな会話から要望を引き出すか察知しなくてはいけない。

　この仕事をするにあたって、自分に「みつ」という新しい名前を付けた。みつはひらがながいい。蜂蜜のみつでもあり、秘密のみつでもあるネーミング、そして女性のみつという意味も込めて。名前が被りがちな業界の中でも、目立つだろう。「みつ」はわたし自身であり、そしてこの仕事をするときの一つの人格でありたかった。相手の要望に寄り添いつつも、自分の人格を相手に無理に合わせない。嘘はつかない。人として誠実に接するけど、媚は売らない。自分の中の一面で勝負するのだ。

　そういえば、相手はわたしのことを何も知らない。できれば背が高い人がいいというオーダーにわたしが充てられたらしく、相手だって誰が来るのか知らないのだ。一番不安なのは、どう考えても相手の方だ。わたしは総エネルギーを使って化粧室の椅子から立ち上がった。

　相手の格好は黒髪のストレートで、当日はブルーのワンピースを着ているのだという。17時に伊勢丹正面玄関で待ち合わせ。待ち合わせ10分前には念のため指定の場所に行ってみたのだが、すでにそれらしき人がいた。その人はゴシック様式の重々しい装飾を支える大理石の柱にもたれかかるようにして立っている。染められていない長い黒髪が後ろになびくその顔は、横を向くとほんのわずかに口元の凹凸が目立つ。35歳ぐらいだろうか。柔らかなブルーのワンピースが風をはらんで体にまとわりつき、気の早い夕暮れ時のピンク色の空と美しいコントラストを描いている。ためらっていてもしょうがないので、そのまままっすぐ近づく。あと1メートルというところで、相手も気がついた。ああ、あなたなのねという納得と、そして期待と戸惑いがさっと顔をよぎる。わたしを探る視線に気付かないふりをしながら、その空白のスペースに飛び込む。一瞬眉間のあたりで視界が真っ白になって、なんとか目を合わせてから、あとは口だけで言い切った。

「じゅりさんですか？　初めまして、みつです」

始めたばかりの会話ってどうしてこう、もたついてしまうんだろう。どこに進むかわからないくせに、どこかに進まないとたどり着けない。今日のホテルはじゅりさんご指定。場所は歌舞伎町二丁目に位置している。ホテルまでの道中、会話の弾を切らさないように、少しずつ話題の方向性と速度と種類を変えてみる。うっとうしくない程度に、さりげなく会話を投げる。

「今日はおやすみなんですか？」

「あ、はい。有給休暇を取って来ました」

会社員なんだ。「じゃあ、いつもよりゆっくりできていいですね。午前中は休めました？」

「のんびり寝てました、寝すぎちゃいましたね」目元の皮膚の表層にだけ、ごく浅く皺が走る。

どんな質問を出しても、じゅりさんはきちんと丁寧に、でも自分のペースの中で答える。緊張しているとはいえ、元から大人しくて控えめなタイプなのかもしれない。久住の作ったあのド派手な風俗サイトに申し込んで来るぐらいなのだから、正直どんなタイプの人が来るのかと構えていたが、意外なほど普通の小ぎれいな人だ。聞けば、普段は金融業界に勤めているのだという。わたしはオフィスで夜遅くまで働く、中堅どころでしっかり者の普段の彼女のことを考えた。櫛《くし》をしっかり通した硬くて長い髪、丁寧に厳選されたデパートで売っているような品のある洋服、手元には年齢に恥ずかしくないものをとセレクトされた時計。丁寧な応対、慎重で確かな仕事ぶり。趣味はクレー射撃と休日は意外とアクティブらしい。一見、目の前にいるじゅりさんの姿と、レズ風俗には何の接点もなさそうだった。年齢的にも結婚していてもおかしくはない。さりげなく確認したすらりと長い素の手には、何の痕跡もなかった。

女性が風俗を利用すること自体に、社会の偏見と抑圧は強い。男性用のそれのように同性間で冗談めかして共有されることもなく、厳然たる秘密とタブーとして扱われる。のちにレズ風俗キャストをしていると公表すると、時には遠慮しつつ、時には隠しきれない下心を浮かべながらほぼ１００％同じ疑問をぶつけられることがわかった。

女の人はどうして風俗に来るの、その人はレズ？　みんな性欲強いの？　欲求不満な人なんでしょ、モテない人なんですか、やっぱり不細工でおばさんなんでしょ？

男性向け風俗では聞かれないこれらの疑問が、女性用となると一斉に向けられる。なぜどうしてと説明を求められる。それも、もっともらしい深刻な、または惨めな理由を。釈明用の理由なんていらない。でも教えて欲しいし知りたかった。どうしてここに来たのか、そしてわたしに何を求めているのか。

入ったホテルでじゅりさんが部屋をセレクトする。フロントでしなやかな指が迷いなく部屋タイプのボタンを選択し、その顔を電子パネルの白い光がぼんやりと照らす。その様子は、なんとなくこういうことに慣れているような気がした。部屋に入ると、中は意外と広くて綺麗だ。ラブホテルなんて簡素か、または変なゴージャス趣味に振れているホテルが多く、置いてあるものに独特の存在感があるものだが、ここは清潔で洗練されていて普通のホテルのようにも見える。じゅりさんが隣ですぐに上着を脱ぎ始めるので、慌ててハンガーにかける。

じゅりさんは前もって、白い封筒にピン札でジャストのお代を入れてきてくれた。受け取ると彼女は先にシャワーを浴びにいく。彼女がバスローブ姿で戻ってきたのを確認すると、入れ替わりにわたしも素早く準備をする。コンパクトな浴室で備え付けのボディソープを手早く体に広げ、隅々まで綺麗に。清潔にすることだけを考えれば、こんなものは味気なくてすぐに終わってしまう。バスローブだけ羽織って部屋に戻ると、素足の間に残った水気が妙に寒々しい。

じゅりさんは白いバスローブを着て、ベッドの端に腰掛けている。部屋の照明はわたしがシャワーを浴びている間に暗くなっていて、すべての輪郭が曖昧に闇に溶けていきそうだ。外の明るさも喧騒も、ここには届かない。ベッドに近づきながら、わたしの頭は素早くシミュレーションする。最初にキスをする、じゅりさんを横にする、そしてバスローブの紐を外す。相手の上になって、体の反応を探る。そして体の接触だけで終わる。

「じゅりさん」

思わず声に出してしまうと、静寂に沈んでいたこの部屋にわずかにさざ波が立つ。隣に腰掛けると、じゅりさんの黒い瞳がついと下からあがる。

「今日はどうして、レズ風俗を使おうって思ったんですか？」

じゅりさんはほんの少しだけ首を傾げる。そういえば年上の女性と密室で顔を合わせるなんて、滅多にない。黙ると不思議な存在感があった。

「じゅりさんのことをよく知らないままじゃ、うまくできないんじゃないかって思って。変に思われるかもしれませんけど」対面でこれだけ近くにいるのに、薄暗いのと逆光のせいで彼女の顔はよく見えない。じゅりさんの体がわずかに動く。「私のこと、ですか……えっと何だろう」じゅりさんの声が揺れる。一定だった音の波がわずかに崩れてその下には新しいうねり。「あ、もしかして私何か変なことしてました？　実はこういうお店、1回利用したことはあるんですけど、まだよく慣れてなくて」

来た。わたしは聞いた。「何かきっかけがあって来てくれたんですか？」

空調のわずかな音をバックに、彼女の呼吸音が加わる。「うーん、なんて言ったらいいんだろう」声だけに集中しているとわかることがある。人の心情は声のトーンやテンポ、その質感やリズムに思っている以上にダイレクトに反映される。じゅりさんの意思と感情を支えるわずかな音の集合体が、乱れてほんの少しざわついて明るくなる。

「うまく言えないんですけど、実はちょっと気になっている人がいて」わたしはようやく気が付いた。じゅりさんは恥ずかしがっている。「あ、気になっている程度ですよ、向こうがこっちのことどう思っているのか全然わからないし。私もどこまで好きとかはっきり言えないんですけど」

聞けば趣味のクレー射撃で出会った人らしい。趣味として競技に参加する人も限られており、競技時には同じ場所に長時間いることになる。最初はそういうつもりではなかったが、だんだん意識するようになったらしい。

「でも気になるんですね」

「……はい」なぜだろう、嬉しくなった。

続くじゅりさんの声が、わずかに弱まる。「でも、お恥ずかしいんですけど、ずっとそういう経験がなかったんです。もうこのまま一人なのかなと思っていたぐらいで。久しぶりすぎて、もしうまくいってそういうことになったときに、この歳であまり慣れてないと相手も嫌じゃないですか、そういうの重いし。だからちょっと練習と思って」

レズ風俗の面白いところは、蓋を開けてみればレズビアンではない人の利用も多いことだ。むしろ、そちらの方が多数派かもしれない。欲求があっても恋愛感情のない男性と肉体関係を持つことに、抵抗感と不安を持つ女性はやはり多い。男性そのものに不信感や恐怖を抱いてしまっている人もいる。人によっては男性相手だと、女性らしく振る舞わなくてはいけないという抑圧も感じるらしい。受け身でいなくては、感じているフリをしなくては、というプレッシャーがそれだ。女性が主体的に行為そのものを楽しむには、何かと障害がつきまとうのだ。だからこそ、それでも誰かと触れ合いたいときにレズ風俗は必要とされる。

じゅりさんの声は明るい。何か重荷を下ろした人の軽やかさ。いや、自分の目的をはっきりさせた人の、決意の証なのかもしれない。「こんな風に練習台に使う人、あんまりいないかもしれないんですけど」

「あ、いえ、大歓迎です。むしろ、そういう風に使う人、多いって聞いたことあります」わたしはじゅりさんの柔らかい手を取った。

「まずは慣れてみて、誰かとするのが楽しいんだと思えるだけでも、来てもらった意味はあるかなと思います」

「よかった。だから特別こうしてほしいとかなくて。前回の方も色々してくれたんですけど、自分でも何が正解かわからなくて」

「わたしは、セックスに正解なんてないと思ってます。自分の気持ちが楽になれること、それが目指すべきことかなって」じゅりさんの、ほんのちょっと濡れた艶やかな黒髪に優しく触れる。ついで、小さい耳。肌の面白いところは、触れたところと触れていないところで性質が変わること。触れた場所は柔らかく、皮膚の表面が薄く剝けて何かが開く。肌を許すって、本当に的確な表現だ。

「キスするのも久しぶりですか？」

「あ、そうかもしれないですね、そういえば」

「してみても、いい？」

　黒髪の下、うつむいた顔に唇をすばやく寄せた。じゅりさんの唇はしっかりとした弾力があって、唇の向こうにしっかりとした大粒の歯の存在を感じる。言葉で会話をするように、唇でそっと感情を伝える。何度か唇で優しく甘噛みとキスを繰り返すと、じゅりさんはおずおずと口を開けてくれる。絡ませた手がピクリと跳ねて、もう一度しっかりと握られる。薄暗闇の向こう、繋いだ手の温度が遠くの方からゆっくりと体に伝わる。じゅりさんのこんな純情と恋を傾けられる相手は、きっと幸福なのだろう。

　しばらく無言で交わし合ったあと、静かに舌を離して、じゅりさんに向かって言う。

濡れた口元が涼しい。「この先、進んでもいいですか？」じゅりさんは子どものようにうなずいた。

19時ごろ、一人で新宿駅あたりを歩いていると、カバンに入っていたスマホが震える。久住からのLINE。「お疲れ様！　初仕事、どうでしたか？」もどかしく感じながら指で素早く返信する。「すごく楽しかったです！」

さっき別れたばかりの、帰り際のじゅりさんを思い出す。なぜかすでに思い出になっている。彼女は新宿駅から自宅のある最寄り駅まで帰る。平日でもこの時間帯、駅前は帰宅間際の人であふれている。みんな急いで帰るべき場所へ。「今日は、ありがとうございました。会えてすごく楽しかったです」新宿駅の目もくらみそうな光の洪水をバックに立つ彼女の顔はよく見えない。風にほつれた黒髪の一本一本の表面に光の粒子がまとわりつき、すべやかに磨き上げている。わたしは一つゆっくり瞬《まばた》きした。一度でも繋いだ関係を、気づかれないように優しく断ち切って、押し出す。名残惜しさなんて、わたしだけが感じていればいい。礼を言ったあと、彼女は一度も振り向かずに雑踏の中に消えていった。

わざと遠回りして、周辺を1周してから新宿駅に戻る。何にも目を留めないまま、ただ体を動かす、歩く。もう一度だけ、スマホが体の横で震える。見るとまたしても久住からの連絡だった。陽気な緑の画面はもはや刺激的なレベルの光を放っている。「すみません、次にもまた予約来てまして。今度は、来週の木曜日。場所は先方の自宅だから、ちょっと遠征してもらうことになると思いますが、大丈夫ですかね？」

　次の客、マキさんの指定は彼女の自宅だった。久住は「何かあったらすぐに連絡くださいね。いざという時は車ですっ飛んでいくんで、任せてください！」と言う。それでも新宿駅を出て私鉄に乗り換え、都心から一駅離れるごとに不安は募った。のどかな住宅地の光景が電車の窓枠のなかに繰り広げられるのを、目だけで追う。この先の家のうち、どれかが今日の仕事場なのだ。大きな揺れに身を委ねながら、何駅かすぎると指定された駅に到着。降りてみれば何のことはない普通の住宅地で、メインの商店街の通りから小道に入れば道端で小さい子どもがキャッチボールをしている。目的の家を目指して夕陽の射すうららかな小道を歩いていると、何をしに来たのか一瞬わからなくなった。スマホのマップが指す場所は、曲がりくねった先にある一軒家と思しき住宅。到着してみるとそこはどう見ても普通の自宅で、縁側に干してある洗濯物が入口からちらりと見える。入らないことには始まらない、ひとまず玄関先のインターフォンを押した。ややあって、繋がった音。

「はーい」

「本日予約いただいたみつです」

「あ、ちょっとお待ちください」
ガチャガチャと人の気配が近づいたあと、扉がガラリと開かれる。顔を出したのは、小柄な女性だった。ちらりと上目遣いの顔には化粧気がなく、横にまとめられた茶髪の根本にはうっすらと黒髪が生え始めている。シンプルなパウダーブルーのカットソー、ボトムは動きやすくチノパン。40歳くらいかな。少しだけハスキーな声が言う。「お待ちしていました。どうぞ」

頭を下げつつ玄関に上がらせてもらう。家の広さからいって子どもがいてもおかしくないと思ったが、子ども靴は見当たらず、その代わりに脇には男性物の革靴があった。その存在感に、一瞬目を留めてしまう。マキさんは片づけるのが苦手なのか、廊下に入ると至るところに物が置かれていて、踏まないように歩かなくてはいけない。キッチンに続くリビングに通されると、どこからともなく何かのノベルティらしきクッションが出てくる。そこに座れということらしい。正座で待機していると、あらかじめ用意していたらしい麦茶をキッチンから持ってきてくれた。薄くて癖がある、他人の家のお茶の味。

マキさんもわたしに用意されたものとは、全然違うデザインのクッションを下にしく。座るやいなや、ガバリと頭を下げられる。「今日は、来ていただいてありがとうございます。遠かったんじゃないですか」慌てて深くお辞儀してしまう。「いえ、大丈夫です。

こちらこそご自宅にお招きいただきありがとうございます」マキさんはそのさまを上からじっと見た後、静かに言った。「始める前に、聞いてほしい話があります」キッチンに鎮座している大型冷蔵庫が低くうなり始める。

「あの、私はセックスができないんです」

「え？」

「あ、ごめんなさい、うまく言いづらいですね」

　何度か伏し目がちに瞬きしたあと、顔を上げる。対面に座るマキさんの瞳は、ほつれた前髪の向こう、薄くとび色に透けていて何かを正視している。「私は子宮系の病気を患いました。４年前のことです」マキさんはどこかに向かって喋っている、そこに落ちていくことを避けられない。わたしもその一角に吸い込まれて行く。

「私には夫がいて、一緒になって12年になります。闘病中も彼はずっと一緒にそばで支えて、闘ってきてくれました。病気になる前も後も、彼のことはとても好きですし大切なパートナーです。気持ちは変わらないし、むしろ戦友として分かちがたく結びついたかもしれません。でも病気になってからは、できなくなってしまいました」

　庭に開かれた大きな窓、閉め切ったベージュ色のカーテンの隙間から夕陽が差し込んでくる。柔らかな布を照らす光には力と確かな勢いが感じられて、明るく眩しい。もうじき初夏だ。マキさんの目は、どこにもないものを見ていた。光に切り取られた明るい空間の中、塵《ちり》だけがきらきらと空中を焦がれるように泳ぐ。

「病気になってもわたしに性欲はある、夫もそうです。でもすることができないんです。入れることはできるけど、どうしても怖くなってしまって」

「例えば触るだけとかはダメだったんですか」

「最初はやってみました。どうすれば術後にできるのか、病院に聞きに行ったこともあります。でも触った以上はしたくなるでしょう。だけど気分が盛り上がっても、お互い行き着く先がもうないんです。夫も触るのをやっぱり遠慮してしまうようになりました。痛いんじゃないか、無理させてるんじゃないか、怪我させてしまうんじゃないかって思うらしいんですね。そうなると夫のことが気の毒で。病気は完治しましたが、私たちの中にはまだ居座っているんです。セックスすると、お互いそのことばかり考えてしまう。だから自然とそういうのもなくなってしまいました」

この人たちはお互いのことを深く思っている、だからこそすることができない。

マキさんの顔はむしろ明るい。「色々話し合って、お互いに外注することになったんです。無理に二人でしようとすると、どうしても苦しくなるだけだから。私たちは体以外のことで結びついている、だから大丈夫」薄い唇がわずかに歪んで、彼女は続ける。

「今日、夫は夫で外注する日なんです。日はずらしてもよかったんですけど、なんとなくね」照れ笑いしたあと、マキさんは小首を傾げてわたしを見る。さて、あなたはわたしとできるかな。わたしは腕を伸ばして、彼女の少し筋張った手を取る。

「マキさん、ベッド、いきましょう」手の中の指先がかすかにうごめく。もう一度、ちゃんと包み込むように握り直した。今度は意思を伝えるために。マキさんはゆっくりと瞬きすることで返事をしてくれた。「シャワーだけ借りていいですか」

浴室を借りて、簡単に支度をする。体を洗って水分を拭き取り下着だけもう一度着け直し、彼女に指定された2階にある寝室に向かう。言われた通りに階段を上がって右奥、寝室らしき部屋の扉は閉まっていた。ノックして入る許可をもらい扉を開けると、マキさんはベッドの横に腰掛けている。少し埃っぽくて、秘密に沈んだ他人の匂い。わたしはにっこり微笑んだ。そしてじっと彼女を見据えたあと、ゆっくり近づく。細面の顔、小さな彫像のような下顎にそっと手を伸ばして触れる。ついで首筋、親指で唇に。触っているかいないかギリギリのところ、温度と感触だけを伝え合う。撫でるでもなく、奪うでもなく、相手の存在をそっと認めるように手で確かめていく。少し薄い皮膚に覆われたまぶたに触れたとき、彼女のまつ毛が細かく震えた。宙に浮いていたマキさんの手が暗がりを探り、わたしの肩と首筋にたどり着く。そのままそっと力を抜いて開かれたその手に肌をゆだねる。触れていること、触れられていることは同時で、一瞬どちらがどちらに触れているのかわからない。ベッドの上に乗りかかると薄暗がりの向こう、枕が二つ見えた。一つは花柄のカバーがついた枕で、もう一つはシンプルだけど少し大きめのサイズ。下にいる、濡れたような眼球だけですくいあげるように見つめているマキさんに向かって声を落とす。

「下も触っていい？　痛かったりつらかったりしたら、すぐ言ってください」

　シワの寄ったチノパンのボタンを外して脱がす。カットソーも下からずり上げるように退《の》けてしまうと、黒の下着が露わになる。レースの下着の上、少しだけ重力にしたがって下垂した脂肪に優しく唇を寄せる。触れた瞬間、下の肋骨《ろっこつ》と腹筋が一度うねる。体は本当に正直なものだ。表情や言葉や声ではごまかせても、体の微細なシグナルと反応は隠せない。よく見ようとする人にはちゃんとヒントを与えてくれる。その手がかりを追いかけるように、呼応した場所にそのまま触れていく。肋骨の一本一本にキスしていくとマキさんの体が大きく深呼吸する。意外と骨は感じやすいパーツなのだ。触れるたび、別の部位にも微細な振動や反応になって広がっていく。

　下半身に手を伸ばしたとき、マキさんがわずかに身をよじる。下を脱がすとあたりは途端に静かになってしまう。秘密とタブーが持つ重圧が暗闇のなかにそっと流れ込んでくる。わたしは両手をついた姿勢のまま、ふと思った。これは、ここにいてほしかった人への思いを繋ぐ行為なのかもしれない。気づかれないように息を整えたあと、そっと手を滑らせる。内股から触り始めて、ついで上の鼠《そ》径部《けいぶ》を優しくなでる。硬くなってしまった体がもう一度緩み始めたとき、その場所に触れた。これまでで一番優しく。最初は不安をほぐすようにゆっくりと触れ、そのあとはいくつかのパターンを混ぜて探ってゆく。触れる場所と指の速さと強さの組み合わせを変え、反応があった動きはじっくりと繰り返す。それに合わせて、マキさんの呼吸が早くなる。

「しんどくない？」

反応をもっと確かめようと顔を近づけると、マキさんはうなずきながら腕を伸ばしてきて、そのまま抱きかかえられる。耳元でざらつく息遣いの緩急だけを手がかりに続けて行くと、わたしの首筋を撫でるマキさんの手の動きが徐々にゆっくりになってから、次第に強くつかむようなしぐさに変わる。強く頭をつかまれたとき、マキさんはちいさくのけ反って、それがピークだった。


「女性とするのって初めてだったんですけど、女の人の肌って、やわらかくていいものですね。男の人を呼ぶのは怖いし、なんか違うかなって思ってお願いしてしまったんですけど」

わたしは布団から出たマキさんの寒そうな肩に手を伸ばす。欲望が燃え尽きたあとに誰かに触れるのっていい、そこにはただ優しさが残るから。

「勇気出して呼んでくれたんですね」

「けっこう、お願いするまでになかなか踏ん切りがつかなくて」

「そういう方もいますよ。悩んだ末に来られる人は多いですから」マキさんは上を見上げたまま微動だにしない。体を起こして、彼女の顔を覗き込むとその瞳は一点を見つめたまま涙が真横に流れている。マキさんは音もなく泣いていた。

「ごめんなさい。誰かに触れてもらうのって、久しぶりだったんです。もう誰とも触れ合わないのかもって思ってました。でも、人肌ってあったかくって、本当にいいものなんだなあって」

わたしは無言で手を伸ばして、マキさんをそっと抱き寄せる。嗚咽《おえつ》と涙、慟哭《どうこく》と孤独、胸のうちの誰にも知られなかったものを、そのまま抱えた。わたしはきっとこの人の人生に何もできない。でも触れ合うことはできて、その皮膚一枚の重なり合いで伝えられることはある。何にも言わず、ただ時間が終わるまでマキさんを抱きしめ続けた。

「へー、じゃあ、みつさんは旦那さんの代わりにしたって感じなのかな」

初夏の明るすぎる日差しのもと、久住は能天気に言う。5月の半ば。池袋のサンシャインシティ近く、吹き抜けで天井がガラス張りになったカフェにわたしと久住はいた。数ヶ月に1度は面談とヒアリングをすることになっていて、働き始めた翌月にその席が設けられることになった。といっても実態は堅苦しいものではなく、ただ久住が話を聞いてだらだら喋るだけなんだけど。今月は他にも2件ほど依頼があって、経験を積ませてもらえていた。新人にしてはなかなかの仕事ぶりに久住も機嫌が良いのか、外を見やりながら鼻歌交じりだ。

「夫婦で仲良いなら、別にレスでもいいんじゃないのとかって、思っちゃいますけどねー」

「それはそうなんですけど、たぶんセックスでしか埋め合わせられないものもあるんだろうな、って思わされたというか。それに、期待させちゃいけないと思うと、相手に触ることも難しくなってしまうんだと思う」窓の外から見える往来は日差しに照らされて、真っ白に輝いている。その下の濃く深い影は人の動きに合わせて足早に去ってしまう。なんだろう、あの場にいて感じていたものを久住にうまく表現できなかった。

「このケースでは確かに旦那さんの代理だったのかもしれないです。でも別にレズ風俗は誰かの代わりになることができるわけじゃないとは、思う」わたしがそう言って上目遣いでオレンジジュースをすすると、久住は片眉をあげた。

　レズ風俗で働くことが、わたしにとってどんな意味を持つのか。気づかせてくれたのはチカさんだった。レズ風俗で働いていると実感することだが、本来の意味でレズビアンである人は意外と少数だ。チカさんはわたしのもとを訪れてくれた、自分がレズビアンだという自覚のある数少ないお客さんだった。

チカさんと初めて会ったとき、彼女は大きなスーツケースを引いてやってきた。場所は新宿、14時。目深に帽子を被り、初夏だというのに手元にカーディガンを持っている。

「東京は思ったより暑いんですね」と言ったその口元には、わずかに汗が浮いていた。

「バスターミナルにさえ行けば、場所は楽勝でわかると思ったんですよ。でもこの人混みでしょう、ぜんっぜんだめ。もうやんなっちゃう。これが都会なんですね！」あけっ広げな話し方に、思わずこちらも微笑んでしまう。ホテルの場所はわたしが決めることにして、彼女は後ろから大きな荷物をガラガラひきずりながら付いて来てくれる。チカさんは陽気だ。ショートカットの赤メガネの下、瞳を輝かせてケラケラ笑う。元の性格も明るいのだろうが、地元から東京に来た解放感が余計に彼女をそうさせているのかもしれない。

「東京は本当にすごいですよね、だってこんなサービスがあるんだもん。うちの地元には絶対できないし、あっても使えないな。バレるのが怖いし」調べて来てくれたんですね、と言うとチカさんは前々から絶対に行くと決めていたのだと意気込む。彼女はそのままの勢いでさらりと言う。「今週は旦那が珍しく出張だから。ちょうど親戚の法事もあって、こっちの方に来るチャンスだったし。今しかない！　と思って」今日は遠回しに聞く必要もないのかもしれない、彼女は話したがっていた。

チカさんは地元で結婚して、今年で8年目だという。夫は地方のメーカーに勤めていて、夫婦仲も悪くないそうだ。それでも、チカさんは生まれつき女性が好きだったのだという。「私、昔からずっと女の子の方が好きでした。気がついたら目で追っているのも女の子、初恋もそう。高校のときも、大好きな女の先輩にずっと片思いしてました。女子校だったし、ずっとこういう風に女性を好きなままでも生きていけるのかな、って漠然と思っていたんです。今思えば、なにもわかってなかったんですよね」

　短大のころには周囲に合わせるため、なんとか男の人と関係を持ってみたという。チカさんの声はあくまで明るくて快活、そこに潜んでいるものの重さを忘れてしまうぐらいに。

「一回でも付き合ってみれば、男の人でもいけるんじゃないかって思って。でもね、わかっちゃったんです。私、やっぱり女の人が好きなんだなーって。これは違うと思った」それでも、地方で女性が生きていくことと結婚は未だほぼイコールだ。みんな早婚で、年齢が上がるたびに〝行き遅れ〟として肩身が狭くなっていくという。短大を出たあと、地元のメーカーに勤め始めるころには周囲のカップルはすでに結婚しだしていた。どうしようかと内心焦っていたときに出会ったのが、今の夫なのだそうだ。元は同じ職場で働いていて、これまで特段意識したこともなかったが向こうから告白された。「当時は別に大好きってわけでもなかったんですけど、一緒にいて嫌な感じはしないし。彼氏っていうか、友達の延長線みたい。で、うちの両親にも会わせてみたら親も気に入っちゃって。彼なら大丈夫かなって思って、そのままトントン拍子で結婚したんです」

今、彼女は32歳。新築の戸建ての家にトイプードルと一緒に夫婦二人で住んでいるそうだ。幸せなんですね、とは言わなかった。彼女のほっそりしたまつ毛の下に、濃い影が浮かぶ。「私、そろそろ子ども持てって親からも言われてるんですよ。周りの友達もどんどん子持ちになっているし、結婚してて子どもいないなんてありえないから。私が嫌がるからエッチもあんまりしてなくて。旦那はもっとしたいみたいなんですけどね。このまま逃げ切りたいけど、でも、今の環境だと無理なのかな」

わたしは新宿の雑然とした街並みに思わず目をやる。この街は東京でもセクシュアルマイノリティにとっては比較的居心地の良い街だ。二丁目まで行けばレズビアンバーもあって、小さいながら同性愛者同士のコミュニティやイベントもある。最近はＬＧＢＴの概念や取り巻く状況についてメディアでも取り上げられるようになったし、ＳＮＳに入り浸っているとそれを知っていることが常識のような感覚すらある。でもそれはほんのごく一部の現象にすぎない。彼女が暮らしているような地方都市には、その光は当たりにくいのだ。

この先を行ったところには、ビアンバーもありますよとわたしが言うと、チカさんは初めて困ったように笑った。「私、タバコも吸わないしお酒もぜんぜん飲めないんです。楽しいことは好きだけど、大勢で騒ぐのは正直あんまりかなー。そういうお店って、それが基本でしょ。どう振る舞ったらいいかわからないし行っても居場所ないかな」夏の予感をはらんだ太陽光のもと、彼女のごく薄いファンデーションの下の素肌が透けて見える。その横顔は切り立ったように削げていた。

「それにレズビアンなのに結婚してるなんて、一番嫌われるから。何も知らない人には男性と結婚できるなら、レズじゃないでしょって言われるし、同じレズビアンの人には〝楽な道〟を選んだ裏切り者ってみられる。誰も私がどんな思いでそうしてるかなんて、聞いてくれない」

　わたしはふいに、前にバーで会ったことのあるレズビアンの人が言っていたことを思い出した。

「男と寝られるならビアンじゃないって言われるんだけど、でも何もしてなかったらしてなかったでなんて言われるか知ってる？『本当に好きな人と出会ってないだけでしょ、男でもなんでもとりあえず付き合ってみなきゃわかんないよ』だってさ」わたしは気づかれないように密かにため息をつきながら、坂の上に摩天楼のようにそびえ立つラブホテル群を見上げた。

「はい、ええ」

　終わったあと、着替えを済ませて鏡で化粧をチェックしてベッドサイドに戻ると、チカさんは横になったまま誰かと電話していた。ブルーライトの光が彼女の筋肉や脂肪を無機質に照らし、その眼球の奥は光っていた。通話を終えてしばらく無言だったあと、急に抱きつかれる。皮膚だけが一瞬ぬるくて、でもその下の骨と筋肉はじんわりと温かい。「みつさん、もうちょっと一緒にいてもいいですか？」「もちろん。ただ延長扱いになっちゃいますけど、大丈夫？」「うん」チカさんはわたしの胸に顔を埋《うず》めていて、顔はよく見えない。冷たい手がわたしの体を捕らえていて離れられなかった。「追加でお金払ってもいいんです、もうちょっとだけこうしてたい」わたしにはチカさんを助けたり、状況を変えてあげたりすることはできない。ただ、生きる痛みを共有して、受けとめることしかできないのだ。わたしはただされるがままになって、チカさんの柔らかな猫毛を撫でた。

レズビアンとして社会で生きていくことを考える上で、悠《ゆう》さんの存在も外せない。

悠さんは池袋の駅前で待ち合わせて会うやいなや、手を振って出迎えてくれた。

「えー！　みつさんですか？　めっちゃ可愛いじゃん！　なんか嬉しい、まじで」

こちらが思わず恥ずかしくなってしまうくらい、フレンドリーで失礼がない程度にフランク。接客する側が無意識のうちに抱くこわばりを、その笑顔と会話でさりげなくほぐしてくれるような人だ。ホテルに行く前も嬉しそうに腕を組んできてくれた。聞けば、悠さんは普段は会社員をする傍《かたわ》ら、週末は新宿二丁目のレズビアンバーで日替わりの店員を務めているという。接客業に慣れている人にありがちなことだが、人に近づくのがうまいのに、距離の詰め方がまったく嫌な感じがしない。そこにはカラリとした好意と温かさがあった。グレーのＴシャツにジーパン。セミロングの茶髪にコロコロと丸みをおびた笑顔がよく似合う、親戚のお姉さんのような感じの人だ。わたしに予約を入れてくれたときは確か43歳。立場上、話し慣れているのか、悠さんはあっさりと自分がレズビアンであると教えてくれた。

「20代の頃からずっとそういうビアンの、今でいうコミュニティってやつ？　そういうのにずっと関わってきたけど、みつさんみたいなタイプの人は初めて会ったかな」

　わたしは思わず質問した。レズビアンがセクシュアリティを偽らないままどんな風に年を重ねられるのか興味があったからだ。日本でＬＧＢＴの人たちの存在が広く知られ、注目されるようになって来てから日はまだ浅い。ロールモデルがなかなか見つけられない中で生きているお客さんたちの、良い参考例になってくれるかもしれない。悠さんの所属しているコミュニティ数十人の中には、下は30代、上はなんと60代の人もいるという。

「結構前から、なんとなくあった集まりだからね。ほら今は結構、ゲイとかビアンが〝ＬＧＢＴブーム〟とかでメインストリームに乗っかるようになってきてるけど、昔はもっと行き場が限られてたから、その名残でここにはいろんな層の人が集まってくる。やっぱ、ヘテロ（異性愛者）の人が多い場所じゃ本音で話せないし、話すにもそもそもの前提から説明しないといけなかったりで、疲れちゃうじゃん？　でもマイノリティがマジョリティになるようなところに自分の居場所があれば、ちゃんとビアンでも生きていけるって思うし、そういう仲間の姿みれば、なんか勇気もらえるしね」

　同性愛者の場合、人生のモデルケースというものは簡単には見つからない。でも、自分のセクシュアリティに向き合って生きていく仲間の姿を間近で見ていれば、ロールモデルがなくても自分の人生を肯定《こうてい》できるようになるのかもしれない。悠さんは自分の作る場が、次世代の人たちの居場所になってほしいと言う。

「自分たちがやっていることが、どっかで誰かの助けになったらいいなって思うし、そうすることで自分も救われているところもあるよ。規模はぜんぜん小さいけど、最近は新しい若い人たちも増えてきたし、アライの人たちも、〝もっと『自分ごと』にしたいって思って〟きてくれるようになったしね。最近、ビアン同士の交流会とかもやってるけど、毎回結構盛況な感じになってきたよ」昨今はネットを通じてセクシュアルマイノリティ同士のマッチングもできるようになってきている。地方では候補者数が少なくて出会うのもひと苦労のようだが、都会なら多少は幅も広がるらしい。出会いの観点から見ても、やはり都会と田舎でセクシュアルマイノリティの明暗は分かれてしまうようだ。

池袋西口公園に差し掛かると、途端に風景は開けてくる。噴水を横目に見ながら前から思っていた疑問をぶつけた。「わたし、レズ風俗の仕事を半年ぐらいしているんですけど、自分がレズビアンだという自覚のある人は、意外と少ない印象を持ってます。特に悠さんみたいに二丁目に親しみのある人は初めてです」

悠さんのグロスだけ塗られたぽってりした唇が横に広がる。「あー、そんなもんなんだろうね。やっぱ、二丁目に来るような人は、あんまりこういうサービス利用しないいんじゃないかな」

レズビアンの集まりといっても、場所やイベントによって来る層が異なる。オフ会や単発的なイベントの場合、会ごとにテーマが設けられ、さらに年齢やセクシュアリティを限定して開催されることも少なくない。好みのテーマで集まれるので話すネタには困らないのが特徴だ。クラブで定期的に開催されているイベントは、一度に多様な出会いがあるのが魅力だが、アルコールと爆音についていけない人には少々厳しい。そして、単発イベント・クラブイベントのどちらとも、その場限りの付き合いになりがちなので、出会いを活《い》かすのはひと苦労だ。

もし継続的な付き合いを求めるなら、悠さんのように新宿二丁目に通うのが手っ取り早い。ただし、新しい人が入り込むのは少々ハードルが高いと聞く。また、セクシュアリティが明確であることが前提で、自分でも不明なままの人や自認して日が浅い人は居づらいのが難点だ。そして特徴がもう一つ。狭いコミュニティである分、知り合い同士の情報は筒抜けになりがちだ。

　悠さんは横断歩道の向こう側に輝くネオンを目で追いかけながら言う。「あたしは二丁目にいるからこそ、今日来たかったんだよね」わたしは気づかないうちに、彼女が今日来てくれた理由にたどり着いていた。

「あたしには何年も付き合っていた彼女がいたんだよ。数ヶ月前までね。一緒にバーで働いてたこともあった。でも別れちゃって。ずっとこのまま一緒にいるんだろうなって思ってたのに、あたしが彼女のお金の使い方とか家族の問題に口出し過ぎたからかもしんない。で、別れてこっちもガクッと来ちゃってさ。いるのが本当に当たり前だったから」なんとなく察するところはあったが、口は挟まなかった。こちらが勝手に理解してはいけないから、次の言葉を待つ。

「ゲイもそうだけどビアンのコミュニティなんて狭いじゃん？　で、誰と誰が付き合ってて別れたかなんてモロバレ。でも別れたから次探してるなんて思われたくないし、なんかそういうの本当は仲間内に持ち込みたくないんだよね。強がっちゃうっていうか」

悠さんが横を歩くわたしを振り返る。その目は眩しいものを見るように細められていた。

「で、ヘテロよりも次の相手見つけるの難しいからさ。でも誰かとしたいって気持ちはあってどうしよーって思ってたらネットで見つけたんだよね」

わたしは大きくうなずいた。人は誰でも別れを経験すると、この先自分はずっと一人なのだろうかと孤独を感じるものだが、マイノリティであるならその絶望感はなおさら深くなる。この地球上で、もう誰とも心から繋がれないのかもしれない。自分の孤独に向き合いつつも、悠さんはどこか明るい。

「なんか時々キューンとした気持ちになる。やっぱり一人は寂しいっていうか。でも寂しいからっていって、無理やり誰かを選ぶのも嫌だし、寂しさに付け込もうと近寄ってくる人も絶対嫌かな。それでも自分の今の気持ちを表すとしたら、やっぱ寂しいんだと思う。性欲とか脇に置いておいてもね。だから、今日はみつさんに会いに来た。サイトではどんな人がくるかわからなかったけど、でももう今すでにみつさんでよかったなって感じだよ。自分の気持ちに、すごい向き合わせてくれるっていうか」

寂しさはこの仕事をしていると、必ず直面する感情だ。自分の寂しさを自覚しているお客さんは少ないが、それでも言葉の端々にそうした感情がちらついていることがある。寂しさの理由も程度もそれぞれで、一口に説明できない。本人にもどうしてなのかわからないのかもしれない。だからこそ、この仕事が必要とされるのだ。

わたしは組まれた腕をしっかりと引き寄せた。人のぬくもりと、悠さんの匂い。二人で歩きながら、見慣れた池袋の街をあらためて見回す。きっとこの街中に、たくさんの寂しさが溢れている。街ゆく人たちは誰しも皆、無表情で何の欲望もないフリをして歩いている。誰にも知られることもなく、時にはその人自身にさえ、紐解かれることもない物語たち。

自分の性を諦めないこと、自分の感情を真正面から受け止めること。彼女がわたしに気付かせてくれた大切なことだ。

悠さんは普段は足を踏み入れないらしい池袋の街を、確かな足取りで歩いていく。せっかくだから何してもらおうかなと喜ぶ悠さんを横目に、わたしの心はあることに占められていた。それはもちろん心を開いてくれた悠さんに向けたものであり、そしてわたしがこれからすべきことに向けてのものでもあった。

5　池袋のカフェで、突然、新しいお店を任される

パソコンを開いてキーワードで検索する。そこに出て来たのは下着で舞い踊るお姉さんたち……ではなく文章メインの落ち着いたサイトだ。その眩しさに目を細めながら、思わず口に出してそこに書いてある言葉を読んでしまう。『ファーストレズの保健室』。『ファーストレズ』の『保健室』というサービスを、つい最近久住が始めた。ファーストレズとは別に誕生した姉妹店で、「話をする」ことに特化しているのが最大の特徴だ。通常のレズ風俗サービスと同様にご飯を食べたり出かけたりするだけのデートコース、セックス込みのプレイコースの2種類がベースだが、どのコースと時間を組み合わせても会話を重視した接客が楽しめるようになっている。話を聞いてほしい、相談したい、意見を聞きたい、そういったお客さんの要望に応えるために用意されたシステムで、久

住は毎月わたしから仕事の報告を受けているうちに思いついたのだという。

先月、いつものように池袋のカフェで久住に月末の営業成績の報告と振り返りをしていると、出し抜けに打診されたのだった。新しい店を始めようと思う。で、みつさんをキャスト兼店長にしたい。

「僕はレズ風俗始めるとき、男向けと同じ感じでいいやって思ってたけど、みつさんの話を聞いていて、ちょっと違うんだろうなって気づいた。男だったら女の子の見た目が好みで、テクニックがあって抜ければそれでいい。でも女の人はどんな人かもわからない相手に委ねるのは不安って感じだし、これがしたい、これを求めてるって実はお客さん自身でもわかってない。で、それをこっちがうまくサポートする必要があって、みつさんはそれがうまい」そう言いながら、テーブルの上で手を広げる。その姿はちょっと調子の軽い稀《き》代《たい》のイノベーターのように見えなくもない。

「答えを出してあげるんじゃなくて、お客さんが答えを出す手助けができる。相手が考えている間は待てるし、自分の意見も引っ込めていられる。または答えを出さないってことも、受け入れられる。みつさんのそのスキルに、ニーズはあると思うんですよね。ファーストレズの姉妹店として、心の処方箋、保健室って立ち位置でやるのはどうっすか？　別に新しい何かを提供してほしいってことじゃなくて、別のＨＰ作って独立した形で同じこととしてもらうだけなんですけど。まだしばらくは反響見つつひとりでやってもらおうと思うので、キャストの管理とかしなくていいですし」

久住は普段は陽気な遊び人のようにも見えるが、人を褒めるときに言葉を尽くすし、意外とちゃんと人のことを見ている。大手ではないのに、業態として安定しづらいレズ風俗サービスでも継続して経営してこられているのは、彼のこういった人柄のせいもあるかもしれない。自分が無意識のうちにやっていたことを見抜いてくれたことは、素直に嬉しかった。思わずテーブルに前のめりになる。

「やります、やりたいです。たぶん、それに来てくれるお客さんは、一緒に自分の絡まった気持ちを考えてくれる相手を求めているんじゃないかなって。感情や欲望って、自分ひとりで見つめて言葉にするのは困難だから。それに保健室って言葉、すごくしっくりきます。保健室はなんか弱ったときにふらっと来ても怒られないもんね」

わたしがレズ風俗で働いていて、どういうことをしているかを話すと、こういう風に言われることがある。

「あなたがしていることは、カウンセリングみたいなものなんだね」

または、「風俗嬢なんてやめて、カウンセラーになればいいんじゃない？」とも。

わたしの能力を買って、そう言ってもらえているらしい。でも、わたしはいつもその提案を柔らかく断る。カウンセリング施設では、今わたしがやっていることができないからだ。「ちょっと誰かに話したい」くらいの人や、自分で病識（病気である自覚）がない人が、専門機関で恋愛や体の悩み、人間関係やセクシュアリティの相談をすることは、心理的にハードルが高い。本人が専門機関にたどり着くのは、問題が大きくなって逼迫《ひっぱく》した段階になってからになってしまうこともしばしば。それに、そもそも相談者は、専門施設に行って解決策が得られそうな人に限られてしまうだろう。おまけに一番の難点は、診療所やカウンセリングでは、患者には良くなろうという気持ちと治癒に向かって行動することが求められる。目的のない医療はないし、治癒を前提としない処置は許されない。

レズ風俗の良いところは風俗という看板があるからこそ、まだどうしたいのか自分でもわからない、どこにも行き場のない人たちが来てくれること。以前、「女性のセックスとレズ風俗を語る会」という小規模なイベントを自主開催したことがある。実態の窺い知れないレズ風俗の実際を当事者の目線から語り、女性の性を取り巻く環境を来場者に伝えた。この仕事で得た学びや経験を、お客さん以外にも共有してみたいと思ったのがそもそものきっかけだ。そこでわかったのは、性というテーマを掲げたこういったイベントに来てくれる人ですら、性的なことを語ることに深い抵抗を感じていたことだ。それでも誰かが口火を切ったり、こちらが話せる場を提供したりすれば、胸に抱えていた様々な悩みや不安、時にはトラウマが次々と飛び出してくる。みんな口々に言う。

「こんなの自分だけだと思ってた」

「誰にも言えなかったけど、本当は気軽に話せる場所が欲しかった」

　自分が何気なくしたことが、こんな風に評価されて驚くとともに、女性が性に関わる悩みを共有できる場がないということに改めて気付かされたのだった。

　久住のレズ風俗店で働きはじめて、すでに半年が経っていた。成績は相変わらず赤丸急上昇中、先月もお店の中で一、二を争う営業成績を収めている。わたしはこの仕事の要点を、ようやく摑《つか》みはじめていた。大切なことは、何かをすることよりもしないこと。そこにあるものに耳をすませ、一緒にいること。何か答えを出すならそれはお客さん本人で、その場で結論が見つからなくたっていい。人は他人のことを救うことはできない。でも何かのきっかけを作ることはできるかもしれない。明日も生きてみてもいいかな、と思えるような、ゆるくて小さな人生のきっかけ。久住の提案は、まさにわたしが考えていたことを形にできるものだった。

　久住はわたしの顔を満足げに見ながら、「じゃあ決まりで！」と言ってピーチジュースをすすっている。わたしは手元のスケジュール帳をめくりながら聞いた。「自分のお店が持てるなんて、嬉しいな。サイトはいつできるんですか？　いつまでにコンセプトとか文章を提出すればいい？」

　久住はなぜか体のどこかが痛いとでもいうような顔をする。「あ、いつもみつさんにはＨＰのデザインが悪いって叱られてるんで……できればみつさんに自分で作ってもらえればなーって」「え……わたしがやるの……？　サイトの構築から全部？」「あはは、すみませんね。いや、手が空いたときにやってもらえればいいですから、ね。移行期間は普通にファーストレズにそのまま在籍しててもらうから、お客さんもつきますよ！」優秀な経営者だという前言は撤回。わたしの目から発される無言の圧力を一切気にせずに、久住はスマホを取り出す。

「そうそう、今週お願いしたいお客さんが一人います。えーっと、お客さんの名前は高《たか》橋《はし》さん。漢字で高橋ってだけですね、申し込み時に入力されているのは。デートコース90分とプレイコースで90分、待ち合わせは池袋の指定のお店。ご飯を一緒に食べてからホテルに行きたいと。いいっすね。食事付きなんて、たまには気負わずに楽しめるんじゃないかなーなんて」わたしは赤ら顔をてかてかさせながら笑う、お調子者の経営者を下に眺めながら、席を立った。

　高橋さんの指定は、クラフトビールとドイツ料理が楽しめる池袋のお店だった。わたしは約束より5分前には店に行ったが、すでに高橋さんはお店に到着していて奥の席で出迎えてくれた。

　メニューを広げながら、高橋さんは気さくに話しかけてくれた。「前、勤務していた会社がこの辺りで、この店にはよく来ていたんです。ビールの種類も豊富で、料理もちゃんと美《お》味《い》しい。何より、お店も綺麗で明るくて女性でも来やすいでしょ」わたしは高橋さんが作り出している親しみやすい雰囲気に乗りながら、さりげなく彼女の様子に目を走らせる。ホワイトの目のあらいタートルネックに、ネイビーのツイード地のブレザー。ゆったりと組まれた脚はスリムなブラックパンツで包まれ、彼女のシャープな印象を際立たせている。手首には丸フェイスの腕時計が光る。茶色のミディアムヘアはわずかにウェーブがかかっていて、大ぶりでやや男性的なパーツが目立つ彼女の顔を、柔らかく見せていた。仕草といい顔といい、大人っぽくてマニッシュな感じだが、笑うと鼻の付け根にシワが寄って少しだけ子どもっぽいような表情になる。彼女の立ち居振る舞いは、どことなく育ちの良い大型犬を連想させた。賢くて大らか、そして少し孤独。

　注文したソーセージを切り分けながら、高橋さんはわたしをエスコートする姿勢を崩さない。「みつさんもお酒強いんだから、ガンガン飲むでしょう。全然、お好きなもの選んでくれて大丈夫ですよ」確か、今回の指名条件はお酒がある程度飲める人だったらしい。そこにわたしが呼ばれたわけだ。「ありがとう、ではお言葉に甘えさせていただきます。でもちゃんとお話を聞いていたいので量はほどほどにしておきますね」と答えると、高橋さんは少しだけ虚をつかれたような顔をした。「そうか、そうですよね。じゃあ私はいつも通り飲ませてもらいます」と言って、彼女はビールを口にする。うちのお店ではコース時間内の飲酒は禁止されていない。さすがに泥酔状態の人は利用不可だが、通常量であれば許容の範囲内としているレズ風俗店は多い。

「お客さんの休みのときに勤務中って、このお仕事もサービス業なんですね」

わたしはためらわずに言った。「個人的には、究極の接客業のひとつだと思っています」

「……みつさんはこのお仕事を誇りに思っているんですね」

わたしは付け合わせのポテトにフォークをさしながら、高橋さんの顔を見つめた。高橋さんはこちらの目を見ずに、どこか放心したようにグラスの中のビールの泡に目を落としている。

「不思議なお仕事ですよね、赤の他人と寝るなんて。あ、いや男性にはこういうサービス、普通にあるんでしょうけど。女性向けってなると、すごい仕事だなと思ってしまう。体を売ることは、確かに究極的な接客業ですよね。みつさんは楽しいですか、この仕事」厚みのあるビールグラス越しに、上から見下ろすような目と視線がぶつかる。わたしはそれを正面から受ける。

「レズ風俗は、客観的に見たら変わった仕事かもしれません。一般的には性産業だから、人によっては下に見られることもありますし、他のことができないから、風俗をしているんだって見なされることもある。でも、この仕事にしかできないことはたくさんあるって実感しています」

高橋さんは肘をついてこちらに乗り出す。「例えば？」

「〝その人自身〟に触れられます。体だけではなくて、心に」

「セックスでそんなことできるの？　今はエロ本もＡＶも簡単に手にすることができるじゃないですか。まだ実際のセックスでしか得られないものなんてあるのかな。みんな、その時々の自分の欲求のはけ口を求めているだけ」

「確かに、性的なイメージは世間に溢れていますね。でも、実際には身近な性の話を真剣にすることは、みんなタブーに感じている気がします。メディアで面白おかしく取り扱ったり、いやらしいものとして扱ったりするのは、そういう後ろめたさの反動ではないかなって」この仕事をする前に、大学でジェンダー・セクシュアリティの研究をしていたときにも感じていたことだった。日本はエロで溢れている一方で、みんな性的なことに向き合うことを避けている。刺激的なイメージや噂話だけが流布して、実態は置き去りのままだ。お店には時折、基本的な性教育にすら触れて来なかったお客さんが来てくれることもある。レズ風俗に来るお客さんは未経験者の方が多いから、という理由だけじゃないはずだ。

　わたしはじっと黙っている高橋さんに向けて、続ける。「誰しも何かしら性に傷ついたり悩んだり苦しんだりしているのに、本心を打ち明けることができない。わたしはセックスと会話で、そこに迫れるかもしれないと思っています」

「そんなに、それが重要なのかな。他に考えるべきことって、いっぱいあると思うけど」

「もちろん、セックスがそれほど重要じゃないって人もいます。それでも何らかの形で、自分の気持ちと向き合うことが必要なタイミングがあると思う。性に関して何が一番良い形かは、人それぞれだし、それは世の中で一般的に言われているような、平均とか標準とかと一致しないこともありますよね。女の人の場合は特に、そもそも自分の欲求を考えることから始めなくてはいけない。性の主体だと見なされてこなかったから、自分がどうしたいのか問われたこともないし、実行する機会だってなかなかない。漫然とした不安と満たされなさを抱いていて、寂しいけれど表現することができない。そういう方と一緒にその欲求に向き合うのがこの仕事だと思ってます」

わたしは一気に言い募った。この人は賢い、そして何かを警戒している。この抵抗感がどこから来るのかはわからない。こういうときには相手の理解力を過信して、言葉を省略してはいけない。高橋さんは首を右に倒し体全体を傾けるみたいにして、こちらをじっと見ている。そして「ふーん」と言いながら、またビールをあおった。

結局、高橋さんがその店でもう2杯ほど飲んだところで店を出た。止めようと思ったが最後ハイペースで追い込んでいくので、そのまま飲ませてしまった。足取りは確かだが、目はどこか遠いところの一点を見つめている。11月の池袋の夜は寒く、外のネオンは白く膨張するように光っていた。「ホテルはわたしのおすすめのところでいいですか？　この先の曲がったところに、手頃な値段で綺麗なところがあります」と聞くと「うん」と心ここにあらずの様子で答える。

受付を済ませて手狭な部屋に入ると、高橋さんは「先にシャワー浴びますね」と言って、こちらを見ずに早々にバスルームに向かう。自分のカバンを脇へやって、わたしはベッド近くのソファに座る。どんなことでもそうだが、待つということには忍耐がいる。

彼女がバスローブを着て戻ってきてから、こちらも準備をする。わたしがバスルームから戻ってくると、高橋さんはソファに脚を組んで座っていた。静かに息を詰めながら、彼女の方に近づく。いつも思うのだが、セックスそのものよりも相手との距離を詰めるこの瞬間の方が、はるかに緊張する。わたしがバスローブの前にポトリと落とされた手を取ると、高橋さんはわずかにたじろいだ。「ベッドに行きましょうか」ささやくような声音で言うと、高橋さんは無言になる。「それとも、ここでします？」

彼女はこちらを見ようとしないので、するりと体を反転させて彼女の横に座る。高橋さんの体が、わずかに動く。わたしは少しだけ、調子を変えて聞く。

「なにか、不安？」

会話において、曖昧な投げかけをすることは大切だ。相手の気持ちが見えて来ないうちは、込み入った質問よりも漠然とした問いかけの方がいい。言葉という暗闇に垂らした一滴の水が、波紋となって心のまだ見知らぬ場所に届き、さざ波の向こう側から次の言葉が口を突いて出る。「不安……なのかな」まだ形にならない水面を見つめるように、その瞳は動いている。「……体、触られたりするの、苦手だから」何もないベッドの向こう側にじっと目を凝らしながら、ひとり言みたいに言う。「するの、なんか抵抗感があるから。変かもしれないけど」

わたしは落ちていた言葉を拾って並べなおす。「性的なことに、拒否感があるんですね」高橋さんはただ黙っている。「似たような方に心あたりがあります。わたしのところに来てくれるお客さんの中には、性欲がないって自覚があるんだけど、本当に性欲がないのか、確かめたくて来てくれる人がいます」

「そういう人が、いるんだ……」

一人のお客さんに向き合うとき、これまで出会ってきたお客さんたちが発していた、たくさんの無言の訴えを思い出す。性は、正解も平均値もなくて一人一人あり方は多様だ。それでも、彼女たちが教えてくれたことは、こういうときに助けになってくれる。推測の範囲を出ないが、毎月１、２名程度は高橋さんと似たような特徴を持つお客さんが来る。アセクシュアルまたはノンセクシュアルと呼ばれる人たちだ。性的な行為に嫌悪感や拒否感を持っていても風俗に来てくれる場合、その目的は大抵ひとつ。キャストを相手にして、なお自分に性欲が本当にないのかどうかを確かめるのだ。

重たすぎる荷物を下ろすように、高橋さんは顔を覆ったその指の隙間から深い吐息を漏らす。「人に、そういう欲求をあんまり持てない。それは昔から感じてたけど、大人になれば、好きな相手が見つかれば、自分も欲求を持てるしできると思ってた。けど……」

「うまくいかないことがあったりした？」

高橋さんの顔を覆う手の爪は、力を入れすぎて真っ白になっている。「……一度だけ、男性としたことあります」誰にも開けたことのない箱が音もなく静かに開く。そこにあったのは、絶望だった。

「大学のサークルの先輩と。彼のことは尊敬していたし、好きなんだと思ってました。卒業してからも飲みに行くことがあって、そこで付き合って欲しいって言われて。それで普通にそういうことになったんだけど……」

「うん」

「直前まで、そういうときになれば普通にできるのかと思ってた。彼のことも好きなはずだけど、でもとても気持ちが悪くて。入れることもそうだけど、触られるのもそういう目で見られるのも、耐えられない。吐き気がする。してる最中は触られているのが自分じゃないみたいだった。遠くの方から自分を見てるみたい。なんとか耐えてたけど、相手も私が硬直して全然良くないのがわかるみたい」高橋さんの瞳は孤独と憎悪のために硬くキラキラ輝いている。

「別れるときに言われたんです。『なんでこんなに頑張ってるのに応えてくれないのか、全然わからない。君はどうせ、俺のこと好きじゃないんだろ』って」

　高橋さんの荒い息遣いだけが部屋に響く。

「何か過去にトラウマとかそういうのがあるんじゃないか、それとも男性に嫌悪感があるんじゃないかとかも考えた。そういうわけじゃない、でもなんかだめ、何をやっても性欲を感じないし、したくない」高橋さんは頭を抱えた。頑張って取り組んだんですね、と声をかけると彼女は下に向けていた顔をそろそろとあげる。とろりと溶けたような目が、すだれのように垂れ下がった髪の間から覗く。

「自分でもよくわからなくなるんです。本当に彼のことが好きだったのか。私は他人のことを愛せないのかもしれない。そういう足りてない人間なんですよ」

　性的な欲求を持たない人の中にも、他人への恋愛感情を抱く人と抱かない人がいる。前者はノンセクシュアルと呼ばれ、後者はアセクシュアルと称される。定義上は区別されているが、当事者は自分がどちらであるのか自覚しにくい場合がある。恋愛感情は性欲に繋がって考えられがちだからこそ、自分で自覚しやすい。逆に、性欲という先がないとそれ以前にあった好意自体も疑わしくなることがあるようだ。

「わたしはこの仕事をしていて、高橋さんみたいな方に実際、出会うことがあります。それも、決して少なくない。気休めに言っているのでもなくて、これは実体験なんです。

それも一つのセクシュアリティのあり方だって、わたしは思います」そう伝えると、初めて彼女はむき出しの怒りをあらわにした。「それも一つのあり方？　そんなの嘘。ゲイもレズもバイも、もしかしたら世の中に認めてもらえるのかもしれない。でも、人のことを好きになれない、性欲がない人間はこの世界に参加できないんですよ。だって世の中は、恋愛とセックス中心に回っているんだから。その市場に入れない人間が、女性が、どんな扱いを受けるのか、みつさんだって知らないでしょ」

色々と察することはある、とは言わなかった。だって、今日わたしがするべきことは、どこにも出せなかった感情をただ受け止めることだから。彼女の内奥にうごめく、体をはるかに凌駕《りようが》するような怒りと悲しみ、混乱と屈辱と絶望を感じるためにまぶたを閉じた。

長く続いた悲鳴に終わりが見えるころ、その底からはポツリと声がこぼれる。

「これから、どうしたらいいんだろう。だってもう、こんなの終わってるじゃないですか」わたしはようやく声を出した。「何も終わってないと思います、何も。むしろ、これが始まりなんだと思います」そのとき、コースの終了を告げるスマホのアラームが、小さな部屋に響き渡った。

ホテルで別れたいと彼女は言う。わたしはそれを了解した。帰り際のドアの前で、帰ろうとする彼女の背中に少しだけ触れた。ここにいることを伝えるために。

「今日はお話ししてくれて、すごく嬉しかったです」

高橋さんはこちらを見ない。「高橋さんがわたしを見つけてくれて、予約してくれたってことがすでに始まりなんだと思います。もし誰にも理解されないって気持ちになったら、またいつでも来てください。わたしはいつでも待ってます。ずっとここで待ってる」

彼女は振り返らずにドアを開けて去っていった。

*

深夜に久住からLINEが入る。こんな時間に連絡があるのは珍しい。何事かと思って見てみると緊急の予約があったようだ。「夜中にすいません！　さっき急に予約が入って明日の18時に会いたいっていう人がいまして。他の子もなかなか空いてなくて、みつさん入ってもらえますか？」

「もともとオフにしようかと思っていた日だから、行けると思います。でもずいぶん急なんですね」

「ほんとに助かります！　地元から出て来て、どうしても土曜日に来たいらしくて。19歳の子で１２０分のプレイコースの希望です。これぐらい若い子はうちにあんま来ないので、こっちもなかなかコミュニケーションうまく取れないし。上京してどうしても使ってみたいんだそうです。飛び込み予約ではどの店も連絡つかなくて、回りまわってうちにきたらしくて。何とかお願いしますなんて言われたら断れないっすよね」あの飄々《ひょうひょう》とした久住が圧《お》されている。わたしは少し笑った。

それにしても、予約してくれたのはどんな子なのだろう。レズ風俗の利用料は年齢を考えればなかなかの出費のはずだ。どんな理由があってやって来てくれるのか、不思議だった。

「みつさんですか？　あの、予約した麻里奈《まりな》です」

待ち合わせ場所である新宿のカフェにやってきたのは、長身でほっそりした女の子だった。短いくせ毛がちの黒髪が顔のまわりに散らばり、ファンデーションを塗っていないであろう白い頬に、笑うとえくぼが浮かぶ。黒いコートの下には赤いチェックのシャツにジーパン、足元にはキャンバス地のスニーカーとカジュアルだ。手元には、遠出の証である黒い大きすぎるボストンバッグがぶら下がっている。

出会って早々、麻里奈さんは申し訳なさそうに顔を歪ませた。「お店の人に無理言ってしまって、本当に本当にごめんなさい」

「全然大丈夫、気にしなくて平気だよ。ちょうどわたしは予定が空いていたし、東京に来てくれたタイミングに会えて、むしろすごく嬉しい」麻里奈さんの顔は少しだけ笑顔になるが、一重の奥の目は硬い。東京に来たのは初めて？　他にどこか観光するの？と聞いても最初こそ雑談に興じてくれるが、すぐにぎこちない沈黙に入ってしまう。ホテルまでの道中も、麻里奈さんは下をじっと見ながらその細い足を機械的に動かすことに徹している。わたしは無言で、でも沈黙が負担にならないように寄り添いながら歩く。

どこのホテルがいいか一切考えていなかったと言うので、負担の少ない格安で綺麗なホテルをわたしが選んだ。部屋に入ると、麻里奈さんにはソファに座ってもらって、すぐにバスタブにお湯を溜める。いつもはシャワーで済ませるが、今日は時間に余裕もあるし入浴ぐらいはできるはずだ。勢いよく流れる水の音が沈黙した部屋に満ちると、わたしは振り返って麻里奈さんに言った。

「麻里奈さん、もしよかったら一緒にお風呂入りませんか？」

「え……」

「今日は寒いし温まりません？　ゆげであんまり体も見えないし、よかったら」わたしが手を差し出すと、麻里奈さんは一瞬動かなくなったあと決心したように立ち上がる。先に服を脱いでバスルームに滑りこみ、シャワーで浴室を温めてから麻里奈さんを誘った。裸で所在なげに立ちすくんでいる麻里奈さんの手を取る。

「背中、洗ってもいいですか？」

　コクリとうなずいた麻里奈さんの痩せ型の背中に、よくあわ立てたボディソープを広げる。麻里奈さんはうなだれて床を見つめながら、大人しい子どものように体を洗われている。お風呂の利点は、目を合わせなくても不自然ではないところ。そして、体に自然に触れられることだ。自分の体もさっと洗ってしまうと、お湯が半分くらい溜まった浴槽に浸かる。わたしが先に入り、背中から抱きしめるような形で麻里奈さんを迎え入れる。わたしの膝上に乗らないように彼女が体育座りをしようとするので、少し笑って肩を引いてあげた。

「水の中だから全然重くないし、乗ってくれちゃって大丈夫だよ」麻里奈さんは恐る恐る体を預けて言う。「なんか……いやらしいっていうより、介抱されている気分」「ちょっと疲れているような人は、そう言うね」お湯から出た、麻里奈さんの細く白い肩にお湯を手ですくってかけながら、わたしは聞く。彼女の今の生活と、興味のあることと話したいこと。そして、今日はどうして会いに来てくれたのか。

　背中越しに麻里奈さんは徐々に話し始めてくれた。今、地元の美大に入って1年目、専攻は油絵だという。高校時代から美術コースのある女子校で学び、受験して念願だった県立の大学に入ることができた。親になるべく負担をかけたくないため、大学にいるうちは実家で暮らすつもりだそうだ。行きたかった美大に現役で入れるなんてすごいね、と言うと麻里奈さんの首が前に傾く。

「でもみんなすごいんです、やっぱり県立だと優秀な人ばかりやってくるから。高校時代は自分の絵にちょっと自信があったけど、今は落ち込むことが多くて。同じ課題をみんなでやるから、自分の足りないところとかわかるし、どうしたらこんな風になれるのかって焦る」

　麻里奈さんは自分の膝を抱える。短い髪も相まって、痩せた彼女の背中は心もとなく見える。

　麻里奈さんはすごく真面目で、努力家なんだねとわたしが言うと、彼女は激しく首を左右に振るのでお湯も大きく揺れる。「全然、本当に全然なんです。私は……みんなみたいになれないから。絵もそうだけど、それ以外の面も追いつけない。みんな恋人とか普通にいるけど、自分は全然。高校の頃は受験のためにとにかく絵を描いてただけだし、周りの同級生もそんな感じじゃなかったし。でも大学に入ったら、なんかもう恋愛とか当たり前の世界で圧倒されてばかりで……」彼女は言う、みんな、周りは、普通は。わたしがこの仕事をして気が付いたことは、お客さんたちの多くが口を揃えて言うセリフがあるということ。

　みんなはしているのに、わたしはしていない。あれが普通で、わたしは異常。

　彼女たちの心のうちには、恋愛や性に関して年齢に応じた絶対的な標準と普通があって、そこに到達できないことを恥じて自分を責め、萎縮《いしゅく》している。お客さんの悩みはそれぞれだが、彼女たちは皆ぼんやりした幻想にがんじがらめになって逃げられないのだ。わたしは麻里奈さんの少し湾曲《わんきょく》した肩を優しくなでる。「高校までは性はタブーなのに、それをすぎると急に何でも知っているようにならなきゃいけないし、大人として自分の性の管理をポンと任されるようになるから、戸惑うことも多いよね」

それを聞くと、麻里奈さんは自分の膝をさらにきつく抱える。言葉が麻里奈さんの中で出口を探しながら、解き放たれるのを待っている。

「みんな大人だなって……私だけがついていけない。みんなの普通に、自分だけは入れない、なれない」お風呂の壁に反響して、麻里奈さんの言葉がぼんやり広がっていく。話した事実だけがここに残って、そこにあった感情は水の中に混じり合う。わたしは自分の顔を後ろから、彼女の後頭部にそっと近づけた。声にならない声に、耳をすませるように。麻里奈さんは自分の中にある、一番取り出し難いものを絞り出すように話す。

「この前、誘われて合コンに行ってみたんです。いい歳なんだし、これぐらいしとかないとダメだなって思って。でも何していいのかわからないし、うまく話せなかった。周りの子はちゃんと会話してるのに、自分は何してんだろう頑張らなきゃって」

「うん」

「他の子はボディタッチとかもすごくて。自分もしなきゃって思うけど、体が動かない。ふっと気づいたら前に座っていた上級生の男の人が、私のことじっと見てたんです。こういうのに慣れてないやつだって、すぐに目を付けられてたのかもしれない。で、私の隣に座っていた人も、その人の仲間だったらしくて急に肩組んできて体をぎゅーって擦り付けてこられて、逃げられない。目の前の人からは『彼氏とかいたことないの？　大学生なんだから遊ばなきゃだめだよ、そんなんじゃ色気とかでないよ』ってずーっと言われ続けた。逃げたいんだけど、二人ともニヤニヤしながらがっちり拘束してくるから、その場から動けなくて」

「怖かったね」

「家帰ってから、なんか自分が馬鹿みたいに思えてきて。恋愛に憧れはあったし、そういう感じになったら普通にできるんだと思ってた。でも、本当にそういう目を向けられたら全然だめだった。なんか怖くなっちゃって」

「うん」

　前に座る麻里奈さんの肩に優しく触れながら、これまで会ってきた何人ものお客さんのことを思い出す。恋愛経験の有る無しに関わらず、女性たちの多くは同性とのおしゃべりや想像の中では、もっと主体的だ。もしあの人と付き合ったら、こんな風だったらどうする？　恋愛の主導権は彼女たち自身が握っている。でも、その権利はひとたび社会の場に出れば手放さなくてはならなくなる。なぜなら彼女たちは「素敵な人に見初《みそ》められ、選ばれる私」こそが確実な幸せをもたらすと、知らずにすり込まれているから。

麻里奈さんは呻くように言う。「こんな歳になっても彼氏もいないしオシャレじゃないし経験もない、そういう自分が恥ずかしくて、変えたかった。でもモテるためには、男の人のああいうのに付いていって、一緒に乗れないといけない。私にはできない、だったらどうすればいいのかわからなくて……週末、居ても立ってもいられなくなってしまって、思い立ってここに来てしまったんです、ごめんなさい」

わたしは後ろから腕を伸ばして、震える麻里奈さんを抱きしめた。拘束するためではなくて、麻里奈さんがいられる小さなスペースを作るために。よく頑張ったね、と言うと麻里奈さんの黒い瞳からコロリと涙がこぼれて、それを皮切りに止めどなく感情が流れてお湯の中に吸い込まれていく。体は柔らかい檻《おり》で、自分一人で閉じこもることもできれば、その腕の中に誰かを迎え入れることもできる。わたしはそれを、やすやすと、何でもないことのように差し出した。

ひとしきり感情を流しきったあと彼女は言った。「みつさん、私、どうしたらいいんだろう。どうしたら普通になれるかなあ。今の自分をどこからどう変えればいいのかわからなくて」みつさんみたいな人にはわからないことかもしれないけど、と彼女は最後に小さく付け足す。わたしは首を横に振って、遠くを見ながら言った。「わたしにも、麻里奈さんみたいに感じて焦っている時期あったよ。みんなの普通に、当たり前の中に入れない、自分だけ外れてしまっているってときが」

「うそ！　だってみつさん、綺麗だし頭だっていいし、すっごくしっかりしてるのに」

「ありがとう。でも、うまくいかなくてもがいていたときもあった」

「そう、なんだ……」

わたしは腕の中にいる麻里奈さんと真正面から目を合わせた。「麻里奈さんは、これからどんな自分になりたい？」「え……」「どこが足りてないとかより、どういう自分なら好きになれそうかな」麻里奈さんは、そんなこと考えたことなかったという顔をしたあと、ポツリと口にした。「自分に自信があって、できれば、普通に誰かと出会って付き合いたいかな」

「どうやったらそうなれそう？」

「うーん、もうちょっとオシャレになって、男の人と話しても物怖じしないようにする。洋服とかもう少し、気をつけてみようかな……」

「ふむ、なるほどね」

わたしは両手で麻里奈さんの頬を挟み込んだ。「せっかく来てくれたわけだけど、どこまでしてみる？」と聞くと、麻里奈さんは真っ赤に充血した瞳でこちらを見上げた。

終わったあと、新宿駅に戻るまで麻里奈さんは上機嫌だった。心なしか顔色もよく、唇には微笑が浮かぶ。はしゃぐ彼女の横顔を眺めながら、わたしは麻里奈さんはもうここには来ないかもしれないなと思った。〝選ばれる幸せ〟は素敵だが、それに気を取られると、まだ見ぬ〝誰か〟に遠慮して自分を丸ごと明け渡してしまうことがある。でも、こんな風に自立した大人の女性としての自分を確立できた人は、もう大丈夫だ。

目をキラキラさせながら、彼女は屈託なく言う。「でも、セックスってこんなにすごくて、楽しいものなんですね。みんな平気な顔してこんなすっごいことしてるんだ。好きな人としたらもっとすごいのかな」

ん……？　何だか彼女のハードルを初回にしては、あげすぎちゃった気もするけど……。ちょっとした罪悪感を抱きつつも、先を行き今にもスキップし始めそうな麻里奈さんを後ろから追いかけた。


２０１８年2月。わたしは仕事のあとで渋谷を歩いていた。仕事が終わったあとに歩くのは楽しい。体も程よく高揚しているし、仕事がうまくいったことで精神的に満足している。今日のお客さんは常連さんで、理想的な行為を追求するためにお店を利用してくれている人だ。何度も求められた平手打ちのせいで痛んだ手首を揉《も》みながら、渋谷駅のホームに佇《たたず》んでいるとカバンの中の電話が鳴る。見ると、桜井だった。

静かにスマホを耳に当てると、すぐに懐かしい声が耳の形に馴染む。ホームに飛び込む電車、周囲の話し声、全ての音が遠くなる。

「久しぶりだね、元気にしているかと思って」

わたしは何とか声をだす。「うん、元気。ずっと連絡してなくてごめんね」

「今、働けてるの？」

「ちゃんとレズ風俗で働いてるよ」

「そう、よかった」

反対側に滑り込んできた電車から降りてくる、たくさんの人々。なんとなく、その中にいるのではないかと目で追いかける。もちろん、いるはずなんてないけど。聞いて欲しいこと、報告したかったことがいっぱいあった気がする。でもどれも口にしようとすると違う気がして、わたしは言った。「大丈夫だよ」

胸に新しい空気を吸い込んで、もう一度言う。わたしが一番、言って欲しかったことを。

「わたしは大丈夫、いつもギリギリだけど、でも自分を信じて頑張れてる」

耳元で電話の向こうの声が揺れて、明るくなる。「元気そうで本当によかった。あれから連絡こなかったけど、心配だったからさ」

桜井は変わりなく元気でやっていて、もしかしたら近々昇進するかもしれないという。

わたしは線路の向こう側、乗客を入れ替えて再び発進する電車に目をやる。全てのものは変わり続けていて、進んでしまう。わたしもまた、前に進まなくてはいけない。

また連絡すると言って、わたしから電話を切った。通話を切ったばかりのスマホの温かさを頼もしく思いながら、続けざまにわたしは別の番号に電話をかける。言わなくては。

唐突に相手が出た。「あ、もしもーし、お疲れ様ですー。そっちから電話なんて珍しいっすね、どうかしましたー？」

わたしは静かに口を開いた。「お話があります」

6　渋谷で独立宣言

久住の怒りぶりは正直、すごかった。

わたしが第一声にファーストレズを辞めようと思う、と言うと電話の向こう側でたっぷり10秒は無言だった。そして大きな呼吸音のあと「……ちょっと意味がわかんないっすね」と言って、怒濤《どとう》の質問攻めが始まった。えええ、なんでなんで？　何か嫌な客でもいたの？　給料が不満？　やっぱまだHPデザイン気に入ってない感じなの？　は？　ちょっとわけわかんないっす、と慌てている。「今、ちょうど面接が終わって新宿の方にいるから、そっち行きます」と言って電話は切れた。

30分後、久住は指定した渋谷のカフェにやってきた。肩が盛り上がっているのは黒いダウンジャケットを着込んでいるせいだけではなさそうだ。久住が乱暴に椅子に座ったところでわたしは言った。

「お店を辞めて独立しようと思うんです」久住はこちらを見ず、カフェの壁に並ぶ本を睨むように見つめる。肥えたお腹だけが呼吸するたびに上下している。

「なんで？　みつさんのために、分店だって作ったし活躍できる場所用意したのに」

「だから辞めたいんです。久住さんがわたしのこと、評価してくれたから。わたしをこの業界に引っ張ってくれたのは久住さんだし、ずっといい形で応援してくれました。でもこれからは、もっと自分ができることの幅を広げたいと思い始めました。久住さん、言ってましたよね、この業界は楽じゃないって。それがよくわかってるからこそ、いま独立したい。自分の足場固めて安定させて、この業界でもっとやっていきたい。そのためには自分だけでやるしかない、そう思ったんです」

　久住はぷしゅっと息を吐き出した。「みつさんとは、ずっとやっていけると思ってました。久しぶりに誰かとタッグを組んでうちでやっていけると思ってたんすよ。それなのに、こんな……」久住のやけにぱっちりした二重まぶたの目には、二日酔いの名残だけではない若干の感傷が確かにあった。レズ風俗業界は、何年も継続してやっている人はほぼいないし、在籍しても短期間でいなくなってしまうことが多い。安定して稼ぎにくいこともあり、所属する女の子も一時的なその場凌《しの》ぎとして勤務せざるを得ない。だからお店の経営者とキャストの関係も希薄になりがちだ。それでも、わたしと久住はこれまでずっと付かず離れずでやってこられた。それは自分がお店の稼ぎ頭だから重宝されてきたということもあるが、それ以上に共に業界を生き抜いてきた仲間だという感覚もあった。風俗経営者である久住もまた、孤独だったのかもしれない。

経営は大変だよ女の子の管理も集客もしんどいよ、小さい店は生き残れないんだよ潰されるよという久住の粘りに辛抱強く答えていると、最後の最後は天井を見上げて根負けしてくれた。はあ、しょうがないっすねと言って洟《はな》をすんすんと柄《がら》にもなく可愛らしくすする。

「やってみたらいいんじゃないっすか。どこまでいけるかはわからないけど、みつさんならできるかもですね。でも店を持って運営して行くって、本当に大変で一筋縄では行かないです。個人ではいくら優秀でもプレイヤーと経営者は違うから、歯がゆいこともあると思います」

わたしは力強くうなずいた。「わかってます。思いもよらない大変なこともあると思う。でも自分の可能性はできる限り広げたい。勝負したいんです、この業界で」

久住はがぶりと飲んだカフェオレの泡を唇の端につけたまま、ニヤリとした。

一人で自宅に帰ってから、ノートパソコンと手帳を交互に見ながら格闘する。しのぎのアルバイトとして、スケジュールに向こう3ヶ月分は予定を詰めた。少なくともあと数年は、風俗業とアルバイト両輪の生活は覚悟しなくてはいけない。そして次に、自分の店のコンセプトを決めてサイトを作らなくてはならない。風俗はネット経由でたどり着くことがほとんどだから、ここは手を抜けないのだ。それに、以前の久住の店のＨＰのような派手な下着姿のお姉さんたちが舞い踊るデザインだけはなんといっても避けなくてはならない。いや、避けたい。

最初にお店に所属しようと思っていたとき、どんなことを考えてレズ風俗サイトを見ていたんだっけ？　あの違和感はわたし以外の人も内心感じていることなのかもしれない。だったら、それを逆手に取ってみたら？　セックスでもエロでもなく、わたしのところに来てくれた人たちが、本当に求めていたこと。

無料ホームページサイトの最初の白い入力画面を呼び出す。〝ここにテキストを入力してください〟というスペースに、わたしは迷いなく打ち込んだ。

「対話型レズ風俗 Relieve 〜リリーヴ〜」

＊

「なんか、随分変わった感じの店が出てくるようになったんですね、うちの業界も」

２０１８年２月に対話型レズ風俗リリーヴを正式にオープンし、風俗情報サイトに掲載したときに最初にもらった反応だ。お店のコンセプト自体が、業界の中では異質だからかもしれない。ＨＰにはおおよそこう書いた。

〝レズ風俗でのセックスはお客様にとって悩み解決のための手段になってきていて、行為自体が目的ではない人も多い。リリーヴではあなたがひとりで抱えてきたものを、キャストとの対話を通じて見つめ直す「きっかけ」をご提供します〟

自分の店は性的な行為の提供のみではなく、お客さんが安心して悩みを打ち明け、共有できる場所にしたかった。お店を信頼してもらえるよう、性的なイメージやプレイの内実よりも、コンセプトや成り立ちをきちんと言語化した。コースはシンプルに、従来通りの２つを用意。プレイという言葉で気構えてしまわないようプレイコースはホテルコースと改めた。業界内で暗黙の了解である、初回利用者への課金や煩雑で生々しいオプションプレイの設定は排した。前もって評判を確かめられるように、レビューもお客さんの任意で書き込めるようにしている。

コンセプトの物珍しさに加えて、女性経営者でまだ年齢も若く顔出ししてやっていることもあり、密かに業界内では名を知られるようになった。よくわからないけど不思議なことを始めた店として、ＳＮＳなどでぼんやり言及されることもあった。まあ、新しく開店した店は、みんな水面下でチェックし合って評価するという悲しい極狭業界事情も関係しているかもしれない。

お店の開業に伴い、変化させたことがもう一つある。それは自分に名字を付けたことだ。経営者となれば、代表として矢面に立つこともあるし、もしかしたら取材を受けることもあるかもしれない。そういうときに下の名前のみでは不自然だったので、〝みつ〟の上に〝橘〟と付けた。名刺に橘みつという自分の名前が載っているのを見たとき、不思議な気分がした。これまでずっと下の名前だけだったから、名字の側がなんだか重たい。それは夜の世界ではない人と繋がり、再び社会との関係性の輪の中に組み込まれたことの、重みだったのかもしれない。

数週間後、大まかな事業計画を立てながら当面のアルバイトの予定とにらめっこしていると、Gmailに1件のメールがあった。「予約したいです」わたしはキーボードに音もなく文字を打ち込む。「対話型レズ風俗リリーヴです。ご連絡いただきありがとうございます。ご希望のコースと時間の長さ、利用エリアと日時を伺ってよろしいでしょうか？　してみたいことや、あらかじめ知っておいてほしいことがあれば、それもぜひ教えてください」やや時間が経ったあと、びっくりするほど簡素なメールが返ってくる。「あの私、明日の3月14日に行きたいです」「ご返信ありがとうございます。3月14日ご希望ですね、お時間帯とコース内容はどうしましょうか？　当日はみつが担当します。お客様の予約時のお名前も教えていただけますか？」「池袋の東口に行きます、16時。

2万のやつです。ピンクのパーカー着て行きます　久《く》ヶ原《はら》美《み》奈《な》」メールはそこで終わってしまった。しばし、パソコンの画面の前で呆然としてしまう。

今まで久住が予約作業を管理していたから気付かなかったが、実は予約の時点で色々と察せることがある。本当のところは本人に会ってみなくてはわからないが、文章で大体の性格はわかってしまうし、何よりその人の他人との関わり方がメールには如実に表れる。繊細なのか、律儀《りちぎ》なのか、他人を恐れているのか、他者をいないものとして扱っているのか。

リリーヴに来てくれるお客さんは、他人との交流に障壁《しょうへき》を感じていたり、トラウマを抱えていることもある。でも、そこが面倒だなんて言っていられない。だってどんな人でも言葉のコミュニケーションを試みなければ、その奥にある心にも、体にも近づくことは困難なのだから。むしろ、腕が鳴る瞬間だ。わたしの対話は予約から始まっている。

予約された時間の16時少し前、わたしは黒いコートを羽織って池袋の東口に降り立った。見上げた空は気の早い夜に呑《の》まれて、淡いピンク色に溶け出している。風俗は夜の仕事だといわれるけれど、実際にわたしが一番稼働するのは夕方の時間だ。それがなぜなのかはわからない。でもなんとなく、この仕事にはそれが一番似合う気がする。昼のように社会的な役割に追われていなくて、夜のように明確な欲望に満ちていない。曖昧で、なんとなく人恋しくて、意味をなさない時間。何かと何かの狭間《はざま》の時間だからこそ、わたしたちは接近し合えるのかもしれない。夜に向けて、人の欲望を呑み込み加速し始めている街角を尻目に、わたしは待ち合わせ場所に急いだ。

　待ち合わせ場所には、すでにそれらしき人がいた。真っ黒で短い髪、そばかすの散るちょっと幼さが残る顔、少年のような体をビビッドなピンクのパーカーと、緑のカーゴパンツで包み、足元には大きめのナイキのスニーカーを履いている。わたしがまっすぐ向かっていくと、彼女はごくわずかに目を凝らしてこちらを注視した。

　わたしはいつも通りに名乗る。独立しても何にしても、いつもこれが始まりだ。「初めまして、みつです」相手はもたれかかっていた、欄干から体を即座に浮かす。「美奈です」

「こんにちは。今日はよろしくお願いします」顔をそらしたままうなずく美奈さんを隣に、わたしは候補のホテルへ足を向ける。「じゃあ、行きましょうか。でもどうやってうちを見つけてくれたんですか？」

「あ、えっと検索してたらあって」美奈さんは足元をみながら、言葉を探す。「ほら、最近Twitterで流行《はや》っているじゃないですか、レズ風俗。こんなんあるんだー面白そうって」

「ああ、そうなんだ！」わたしは笑顔で答えて、胸のうちでひっそりと聞く。本当にそれだけなのかな？

美奈さんは、少しほっとした様子でポケットに手を入れながら歩き始める。焦りは禁物、お客様の前ではいつでも冷静、そして明るく振る舞うこと。独立して記念すべき1回目の仕事に向けて、雑談をしながら今日考えるべき事柄に、焦点を定めた。

*

「さっすがみつさん、独立して日は浅いけどさっそく軌道《きどう》に乗ってるんですね」

テーブルの向こう側で軽快に笑っているのは、あの百戦錬磨の風俗嬢、なの葉さんだ。今日は真っ黒なフリルが幾重《いくえ》にもついた、修道女のようなスタイル。ほっそりした手元を覆う袖についた、複雑に通された赤いリボンがアクセントになっている。コスプレ的な格好ではあるが彼女が着れば自然と似合うし、今日の待ち合わせ場所である帝国ホテル1階のラウンジにも不思議と馴染んでいる。木製の梁《はり》に支えられた高い天井とあめ色の古式ゆかしい家具に囲まれた、この贅沢な空間にいてもまったく遜色がない。隣に座っているおば様方に、一体何者なのかとチラチラ目をやられることはあるが。

なの葉さんとはしばらく交流がなかったが、独立してからすぐに会うことになった。わたしたちは老舗ホテルのラウンジで、約1年ぶりに再会した。

「とはいえ、まだ従業員はわたししかいないし、前いた店で延長して働いているのと同じ感覚かな。もちろん、自分のお店を持った以上、どうやってお客さんに知ってもらって来続けてもらうのかは課題だけど」

なの葉さんは細い手を伸ばして背伸びをする。「でも、お店のコンセプトもすっごくいいと思いますよ。私、みつさんのお店のHP見たときこれだよねーって思ったから」アーモンド形の目が、こちらを捉える。今日の瞳にはピンクグレーのカラコンで、白目とのコントラストがわずかに和らいでいる。隙なくリップの塗られた赤い唇が、ささやくように動く。

「HPに書いてありましたよね。お客様が本質的に求めているのは、プレイじゃないって。本当にそうだなって思います。プレイは何かの目的の手段であって、セックスそのものだけを求めているわけじゃない。ごく一部のレズ風俗嬢はなんとなくはそれに気づいているかもしれない。でも言語化までする人は、まずいない。みつさんの場合はそれを最初からちゃんとわかっていて、言葉にして、お店という形にしている。それって本当に稀《まれ》で、でも必要なこと」

なの葉さんの口ぶりに揺らぎは一切ない。この人も言葉を省略しない。もしかしたら、それは彼女の営業精神のなせる業《わざ》なのかもしれない。でも、彼女にそう言われたことは素直に喜ばしかった。この人とは、ずっと対等に話したかったから。

彼女は女の子たちの嘆息の的になっているだろう、白く細い指を自分の胸に当てる。

「私はそういうスタイルで売り出すことはできない。多分、それを私の仕事のコンセプトにするのは、また違うから。このヴィジュアルが好き、世界観を楽しみたいってお客様が多いから、私には。でも、みつさんみたいに、そういう見た目やプレイだけを売りにしないでちゃんとやっている人がいるってこと、尊敬するし同業者として誇りに思う。だからこそ、私はこのままでいいんだって、勇気付けられます」

　わたしも彼女のように、思いはきちんと言葉にする。「わたしが目指していることは、全然一筋縄じゃいかないと思うんだ。でも、それでもなんとかやっていきたい。これが自分で見つけた最善の仕事で、居場所だと思うから」

　なの葉さんはやわらかく微笑んだ。

「この仕事が売っているのは、キャストの体ではなくて、形のないもの、捉えがたい、移ろうものを相手にすること。私たちは、決して男性の代わりや性欲の相手だけを務めているわけではないから、簡単ではないよね。それでも、みつさんにも必ず道は開けると思う」

　わたしはふと、リリーヴに最初に来てくれたお客さんのことを思い出した。予約してくれた美奈さんは、実は彼氏公認で来店したのだという。彼女にはもともとバイセクシュアルの自覚がずっとあって、女性としてみたくて来てくれたそうだ。彼氏はそんな彼女の切々とした願望を聞き、心おきなく送り出してくれたらしい。プレイが終わった後、美奈さんがポロリとそう打ち明けてくれた。

「自分の彼女を風俗に送り出すって、ヤキモチとか嫉妬とかしないものなのかな。別にわたしがとやかくいうことじゃないけど」と言うと、なの葉さんはふふんと笑っている。心当たりがあるらしい。「男性は、異性だというだけで、自分には女性のセックスの相手として資格があって、まして女性に負けるはずがないって内心思ってる気がします。だから、私たちキャストのことや、女性同士の行為のことを男性の代用だと見なす。その人は、自分の方が絶対的に優位だっていう自信があるんだと思いますよ。男性器があるっていうだけでね」今年もお店でぶっちぎりトップのレズ風俗嬢は、静かに脚を組んで外を見やっている。細面の横顔、薄い唇の端がかすかに上がる。なんとなく、見ているこちらまでゾクゾクするような微笑みだ。なの葉さんはその笑みを口元に忍ばせたまま言う。

「でもそれってどうかな。私はこう見えて、結構女の子本気にさせちゃうけど」彼女の目線の先を見やると、女の子二人組がラウンジの入口付近に立っていて、明らかにこちらを意識している。彼女はひょいとカバンの中から顔隠し用のマスクを取り出して装着する。なるほど、人気者は大変だ。

「さてと、そろそろ行きますか」わたしは手元の腕時計を確認する。16時。今日の仕事は18時半からだ。彼女はというと、30分後にこのホテルで仕事があるのだそうだ。別れの挨拶もそこそこに、お互いの仕事に戻っていく。外へ出ると、表はまだ明るい。それでも確実に、世界は昼の時間から夕方の時間へ移行しようとしていた。わたしの時間の始まりだ。

＊

さっきからパソコンの画面を開いて閉じるを5回は繰り返している。これでいいのだと勇気を持ってサイトを閉じ、やはりまだ早いかと再び画面を開いてしまうのだ。新しいキャストを募集するかどうかずっと検討事項だったのだが、2日前からとうとう募集を開始したのだ。事業を安定化させるためにも、優秀な従業員の確保はマストだ。自分一人で手狭にやっている分には楽だし問題なくやれるが、お店の継続を考えればいずれは着手しなくてはいけない。レズ風俗は専業化できる仕事ではないから、キャストの生活費の全てを負うことにはならないだろう。それでも、生活の一端は担うことになる。

キャスト募集のページを前にすると、目の前に責任の文字がちらつく。誰かと働くことの責任。それは自分の身一つでやってきた、これまで感じていた負担とはまた異なる感情だった。

募集要項として書いたのはただ一つ。対話を重んじた接客ができること。

この、一見、風俗業界としては異色の募集要項にきたエントリーは、３名。

一人目は28歳の風俗経験者の梨花《りか》さん。これまで男性向け風俗で安定して稼いできた実績があると、彼女は言う。エントリーしてくれた理由は流行っているレズ風俗がどんなものか確かめたいのと、今よりも楽そうだったからだとあけすけに明かしてくれた。彼女は緩く巻いたすっかり色の抜けた髪の毛先をいじりながら下を向いて言う。「誰だって、楽な仕事選びたいじゃないですか。女性相手なら、あたしいけると思うんですよ。絶対男よりも注文少ないし、激しいプレイ必要ないじゃないですか」

わたしは下からすくい上げるように彼女を見る。「本当に、そうだと思ってますか？」彼女はブルーのカーディガンの下の体をたぷんと自信満々に揺らす。「えー、だってそうじゃないですか？　ただ話をちょっとするだけでしょ？　女友達と喋るのと変わらないわけじゃないですか。あたし、そういうの得意なんでいけます」

次、二人目。風俗勤務の経験ありのかすみさん、22歳。この人は応募したメールの応対も丁寧で、しっかりした印象を受けた。ややおとなしい感じもするが、この言葉遣いと配慮なら接客スキルでカバーできなくもないだろう。

会ってみると、メールの印象通り会話に問題はなく、こちらの意図を汲む能力も申し分なかった。目の前のソファでかしこまる彼女に向かって、わたしは疑問を口にした。

「でも、どうしてうちに来ようと思ってくれたの？　さっき説明した通り、本業にするにはレズ風俗は結構厳しいところですが」彼女ははたりと持っていたティーカップをソーサーに戻した。「うーん、なんて言うのかな」彼女の目は吸い込まれるように、カップの中の紅茶の水面を追いかけている。「今も風俗やっていて、なんか満たされないっていうか……。お金も欲しいけど自分に自信をつけたいんです。だから対話型の風俗にいけば何か変わるんじゃないかなって」わたしは首を傾げる。「うちのお店の仕事は、お客さんの気持ちと向き合えないと難しいですよ」その一言でかすみさんは、パッと顔を輝かせた。「はい、私も寂しい気持ちになることは多いから、だからこそ寂しがっている人に寄り添えるって思ったんです」

　風俗業界にありがちなことだが、キャスト自身もなんらかのコンプレックスや問題を抱えていることが多い。でも、わたしが作りたい対話型レズ風俗はプレイだけではなく、時にはお客さんの精神的な課題に向き合う場面がある。キャスト自身が深い問題を抱えていて、自分の心模様に集中してしまうと、仕事をこなすことが困難になる。相手に自分を投影しすぎて、その人自身を見る目が曇ったり、つらさを引きずってしまったりするからだ。お客さんはサービスを受けるために来店しているのであって、キャストの傷を癒すためにいるのではない。惜しかったが、結局その人もお断りしてしまった。

　三人目。最後の人は風俗未経験で応募して来てくれた勇気ある人だ。聞けば、現在大学生だという。彼女もメールの段階からしっかりした意思と志望動機を書いて来てくれた。面談場所のカフェに来てくれたのは、小柄で可愛らしい感じのお人形のような人だった。

「今日は、よろしくお願いします」深々とお辞儀したとき、ボブカットにした黒髪がさらりと揺れた。礼儀と言葉遣いは年齢のわりにちゃんとしている。わたしが最初にキャストに求めているスキルと業界の実態を話すと、彼女は神妙に話を聞いている。口を真一文字に結んでいる彼女に、わたしはこれまで面接してきた人たちから得た違和感を、素直に明かした。「お金以外に、この仕事で得たいと思っているものは何ですか？　給料だけを求めているのであれば、普通に男性向け風俗に行った方が早い。もし自分の問題解決だけを欲しているのであれば、うちのお店で働くのは難しいと思う。脅してるわけじゃなくて、経験の中で語れる事実としてそうなんです。だから、一緒に働く人にはうちのお店で何を得られそうなのか、食い違わないようにちゃんと聞いておきたいと思っています」お客さんと同じで、キャストにも理由が求められる。今日あなたがここへ来てくれた理由は、なんだろう。

　彼女はモーヴ色に染められた口を開いた。

「性を極めたいから」わたしは思わず瞬きして言った。「え？」

　彼女は少しも淀まずに、そこにあるものを読むみたいにして言う。「ずっと昔から、性的なことに関心がありました。経験も人一倍、あるかもしれません。安心してできる相手と、もっといろんな経験をしてみたい。でも生活の中でそれをしたら、時に軋轢《あつれき》を生むでしょう。私は人間関係のしがらみを外れて、純粋に自分の性の可能性を追求したいんです」彼女は勝ち気な表情を崩さず、遠くを見つめている。「もともとレズ風俗に興味はありましたけど、橘さんのお店の、対話でお客さんの課題を一緒に考えるオーダーメイドのサービスってところに惹かれたんです。私、お店のお客さんのレビューを見て、泣いてしまって。他の女性向け風俗は、実際は男性向けだったり一方的に消費されてるだけな気がしてて、違和感があった。でも橘さんがやっていることは、本質的に女性のためのサービスだと思って。私は学生だから、お客さんとして利用するには金銭的に難しい。だから、ここで働くことで自分の可能性を追求しながら、サービスを求めている人の手助けがしたいんです。体だけじゃなくて、言葉でも相手が求めているものに近づくこと、言葉で相手の快楽を知ること。それって、これまでの私には、欠けていた視点だと思うから。自分がどこまでいけるか確かめてみたいんです」

　面白い。わたしはこの目の前にいる、箱から取り出したばかりのお人形のような子をまじまじと見た。自分の欲望に忠実であること、そしてそれを直視した上で人と接することができること。彼女はその両方を見事に体現していた。風俗店勤務歴はないとはいえ、経験は豊富だし自分の軸を持っている。ヴィジュアルや世界観で売るのは自分にはない要素だし、在籍してもらったら顧客の幅も広がるかもしれない。そして何より、お客さんが欲望に向き合うことを、この人ならうまくサポートできるだろう。話しきって少し疲れたような顔をした彼女に、その場で採用すると告げた。こうして、リリーヴに記念すべき初めての従業員が誕生したのだった。お店の源氏名は、ふみよとした。

　実際、働いてもらうとふみよにはあれよあれよとお客さんがつくようになって行った。性やプレイに関する基本的な講習もそこそこに入店してもらったが、飲み込みも驚くほど早い。キャストには自分のTwitterアカウントで自己アピールに取り組んでもらうことにしていたが、そこでも能力を発揮した。つぶやきの中に、隠しきれない知性と性への好奇心、そしてほんの少しの秘密と謎。名前とかけた２３４《ふみよ》のＩＤも洒落《しゃれ》が利いていて、人が覗き見したくなるには十分な要素が揃っている。ＨＰのキャスト紹介ページの閲覧数も、日を追うごとにジリジリと伸びていく。彼女の仕事も軌道に乗り始めて来たある日、数ヶ月に1度の面談のために新宿の喫茶店で会うことになった。地下にあるだだっ広いフロアでせわしなく行きかうウェイトレスを目で追いながらふみよは言う。

「みつさん、どうしようって思っちゃうようなお客さんに会ったことありますか？」

　わたしは思わず厚手のコーヒーカップを口から離した。「どうしようって？」

「対応するのが難しいお客さんとか」

「あるよ、全然。何言っても『あ、そういうことじゃないんですよね』って言われてしまったりとか」

　ふみよはぎゅっと唇を噛んで上の方に目をやる。

「うーん、そういうのよりは、私がいる意味がわからなくなってしまうような人というか……」

　彼女が言うには、先日来てくれたお客さんは、コース中ずっとゲームをし続けていたらしい。当初はホテルコースで予約してくれたのに、話していても全くそういう雰囲気にならない。セックスするムードをこちらが作ってもやんわりと避けられてしまう。結局ホテルにこもって、お客さんが持ってきたSwitchで遊んでいたという。お客さんがゲームに夢中になっているのを見ながら、何かを言いたくても言えないのかと探ってみたが、そういう感じでもない。彼女が求めていたのは、ただ3時間高いお金を払って誰かとゲームをやることだけ。でも、それでよかったのだろうか。

　ふみよは運ばれてきたパフェを、長いスプーンで無意味に崩し続けている。「やっぱり、来てくれたら何かしてあげたいし、悩みとか要求とかストレートに打ち明けてくれた方が、私も応えてあげやすい。何にも求めてないみたいなお客さんに会うと、どうしても戸惑ってしまうんです。あれでよかったのかな、私がいる意味をちゃんと持たせられたのかなーって」

「セックスだけが相手が求めていることじゃないと思うよ。本当に相手が何か言い出せなかったり隠したりしているなら、ふみよさんならわかると思いますし」

ただ誰かと時間を共にするだけでも意味ってあるよ、とわたしは彼女を励ました。そのまさに数日後に、わたしのもとにそれを痛感させるお客さんがやってくるとは、そのときは考えてもいなかった。

まっくろな影。彼女が指定された場所にやって来たとき、最初に抱いた印象だ。約束した場所にやって来たのは、全身黒ずくめの女の子だった。場所は新宿のアルタ前、時刻は15時。一度も染められたことのなさそうなミディアムの黒髪に黒いパーカー、黒いパンツ、肩に引っ掛けられた薄手のトートバッグも黒で、その顔を覆うマスクだけは不思議と白だ。遠くから見ると明るい日のもとに生じた、一点の薄闇のようにも見える。顔がほとんど隠れているせいではっきりとはわからないが、20代後半ぐらいだろうか。

彼女だろうと当たりをつけて自己紹介すると、彼女はこちらの眉間を見るようにして、小さくうなずいた。「えっと、はるかさんですよね？」同じくわずかな首肯《しゅこう》。「今日はよろしくお願いします！　お部屋の希望とかありますかー？」彼女の予約内容は、90分のホテルコースだ。大きすぎるマスクから覗く彼女の目は、完全に空中で固まっていた。わたしがおススメのとこにしましょうかとさらりと笑顔を向けても、はるかさんの表情に変化はない。こちらが先に歩かないと動いてくれなそうなので、わたしは少しだけ前を行ってみる。彼女はきっちり距離を空けたまま、後ろから無言で付いてくる。ひとまず、ホテルに行ってくれる意思はあるらしい。

新宿でよく利用するホテルの一室に入る。さて、ここからどうしたものかと思いつつ、すぐにお風呂のお湯を溜める。お風呂に一緒に入浴するサービスは、自分の店では必ず提供すると決めている。お風呂の準備ができるまで自然と話ができるし、入浴はプレイの前にお客さんの緊張と不安を取り除くのに非常に有効なのだ。体を見られることへの照れや、触れられることへの抵抗感も、若干は和らげられる。

いざ、と思って部屋に戻ると、そこには早くもブラキャミソールとショーツ1枚なのにマスクは着けたままのはるかさんの姿があった。少年のような痩せた体を縮こませるようにうなだれて、ベッドの上で正座している。急展開に思わず息を呑んでしまいそうになるが、抑えた。ふみよにいつも言っていることだ。キャストは驚いてはいけないし、焦ってもいけない。それは相手に必ず伝わるから。わたしは息を呑む代わりに吐き出した。

「今、お風呂のお湯入れてます。その間、ちょっとだけお話ししません？」ベッドの手前側にさりげなく腰掛ける。

「暖房ついてるけど、寒くない？　温度あげる？」無言。

むき出しの寒そうな太ももの上の手は、固く握り締められている。伏せられた顔は髪の毛に隠されて、その表情はよく見えない。

「そうだ、マッサージでもしてみます？」黒髪が激しく左右に揺れて、そして再び無言。「隣にいるのは、気にならないかな？」無言。でも、拒絶はされなかった。わたしは少しだけ距離を縮めて、黙ってはるかさんの隣に座ることにした。仕事中にこんな風に何にもせずに時間を過ごすのは、初めてかもしれない。長い間、わたしはなにも気にしていないことが伝わるように、力を抜いてくつろぐ。時計の秒針がコース時間の大半を呑み込もうかというそのとき、隣から消え入りそうな声が聞こえる。「ご、ご、ごめんなさい」

「どうしたの？　もし嫌だったら、しなくても大丈夫だからね」ふ、う、うううううと呼吸と言葉が混じったような音が聞こえたあと、彼女は自分を絞り出すみたいに言った。

「ほ、本当はしたいんですけど、ど、どうしても」

「うん」

はるかさんはまぶたをきつく閉じながら、何かを振り切るようにただ首を左右に振っている。

「わたしのお店は、お客さんが望んでいることをすることが目的だから、今ここでするのが難しいなら、それで全然いいんだよ。頼んだ以上はしなきゃってもし思っているなら、そこは負担に感じなくて大丈夫」手を握るわけにはいかなそうなので、ベッドの上のシーツをポンポンと優しく叩いた。しかし、彼女は服を着ようとしない。半分叫ぶように言う。

「今日、なんとかしたいんです」

わたしはどうしてと聞いた。部屋の中に沈黙が充満し、彼女の息遣いだけが迫ってくる。

「う、私はその、経験がなくて」はるかさんは誰に言うでもなく、胸のうちにあるものを言葉にする。誰にも告げたことがない言葉って、洗練されてはいないかもしれないけれど、人の心を打つものがある。その人が今まで自分がいた場所を抜け出そうとする、もがきと葛藤《かっとう》が持つ力なのかもしれない。

「わ、私は、人と、うまくやれないから」

はるかさんは教えてくれた。人とうまく付き合えないという感覚は、彼女が小さい頃からあった。周りの人が楽しんでいることを楽しめない、笑えない。話をしようとしても、変な顔をされるか憤慨されてしまうのだった。大人になった彼女は専門学校をなんとか卒業した後、なるべく人と関わらずに済む方法を考え、選んだ仕事が人形作家だった。唯一話ができる実の妹と在学中にユニットを結成していたのだ。手先が器用で才能があったはるかさんが人形を作り、人と接するのが得意でネットにも詳しい妹のユリさんが販売を手がけた。ミルクを煮詰めたような真っ白な肌の上、悩ましい表情を浮かべたはるかさんの人形は、ドール愛好家の中で話題になり、通販サイトに入荷すればたちまち飛ぶように売れた。社交が苦手なはるかさんの代わりに、ユリさんがイベントやネットで売ってきてくれる。コンビネーションはバッチリ、何より人と話すのが苦手なはるかさんでも、ユリさんとなら話ができる。

「ユリと、話すのはできた。お人形について、話すのは本当に、楽しくて……この子はここがいいね、この子はこんな子だよね、誰がお迎えするのかなって」はるかさんが言うには、お人形たちには生まれる前から性格と物語があって、それを聞き取って対話していると、自然と形になってくるのだという。はるか先生のドールは、本当に生きているみたいで全部に個性とストーリーがあると、褒めてくれるファンは多いそうだ。

　女性二人と物言わぬ人形たちだけの楽園。しかし、ささやかな幸福は長くは続かなかった。ずっと男っ気のなかったユリさんに恋人ができたのだ。

わたしは尋ねた。「ユリさんに恋人ができて、何か変わったのかな？」激しい首振り。「何も……何にもだけど……」はるかさんの口が次の言葉を発しようとしたその時、無慈悲にもコース終了を告げるアラームが鳴った。すると、はるかさんの目の奥がグッと硬く透明になり、開いていた何かが閉じかけてしまう。閉じ切るその前にわたしは言った。「あ、待ってください、あと15分だけわたしにくれませんか？」はるかさんは黒髪の隙間からこちらを見上げる。初めてわたしを見てくれた。支度時間としてあと15分残っているはずだ。このきっかけを逃したくなかった。

「あと少しだけ話したいんです、お願い」

「うまく、話せないから」

「うまく話せなくていいよ、ゆっくりで大丈夫」

ユリさんに恋人ができても、仕事も関係性も今までと変わりない。それでも、はるかさんの頭の中には、裂け目から水が染み込むようにある考えに襲われるようになった。このままユリが結婚したら？　子どもを持ったら？　この子たちを一人で作って、売っていけるのだろうか。机のうえにあふれた人形たちをみて呆然としてしまう、わたしが作ってきたものはなんだったんだろう。

　これからは自分も販売に立たなくてはいけない。はるかさんは頑張って出展イベントにも同行するようにした。すると、余計にユリさんとの違いに気が付いてしまう。楽しそうにお客さんと談笑するユリさんの声を耳にしながら、自分はぽつんとブースの隅に座っているだけ。たった1枚のパーテーションで隔てられた向こう側に行くことができない。気が付いたら、はるかさん自身が箱に入ったお人形のような存在になっていた。誰とも付き合えず、何も知らなくて、ひとりぼっち。

　はるかさんは体をひくつかせるように言う。「じっ、自分を変えたい、けど、どうしようもなくて、人より全然足りなくて、だから、したら何か変わるのかなって」彼女は信じていた。セックスすれば彼女と他人の間に横たわる、大きな溝を飛び越えられるのだと。

「人と付き合っていくのは苦手だったけど、何かを変えたくてうちに来てくれたんだね」すごく頑張ったね、と言うと彼女はグラグラ首を振る。

「でも、やっぱりできない、無理だった、顔見られんのも本当は、怖いから」

「自分で状況を作って追い込んでも、気持ちがついていかないこともあるよ。それに、来てくれただけで十分、大きな一歩だと思う。その第一歩として会いに来てくれたこと、すごく嬉しいよ」

　彼女はマスクの中でふり絞るように言う。人にちゃんと接することができないのは、申し訳ないと思う。でも自分にはこれしかできないのだと。わたしは彼女の向こう側で言った。大丈夫だよ。今日はダメだったかもしれないけれど、全部これからだよ。

　バスルームの浴槽から、さーっとお湯が溢れた音がした。

　帰り際、彼女は猫背でうな垂れたまま、トボトボと歩いていた。「これから、どうすればいいんだろう……」半歩後ろを歩いていたわたしは、彼女にさっと自分のスマホを見せた。

「もしかしたら全然違うかもしれないけど、はるかさんと似たような悩みを持っている人の話、聞いたことがあるよ。このサイト知ってる？」見せたのは、ＮＰＯ法人が運営している発達障害者向けのサイトだった。規模は小さいが医師監修の正確な医学知識と当事者向けの情報が揃っていて、信頼できる情報源だ。わたしはそのキーワードを彼女に教えた。「全然強制とかじゃないし、もし興味があればだけど、こういうところを見ると何かヒントがあるかも」彼女はその文字列を黙って凝視したあと、浅くうなずいた。

　リリーヴを訪れる人の中には、適切な医療機関や情報源に繋ぐ必要のありそうなお客さんも一定数いる。でも風俗は非日常のサービスを受ける場所であって、それ以上に親密な関係性を築いたり、ましてや何かを診断したりする場ではない。そこが利点でもあるが、居場所や医療情報を必要とする人には少し足りないことにもなってしまう。そういう場合は、わたしはキーワードを教えることにしている。調べる調べない、行く行かないはお客さんの自由で、こちらが決めつけることはしない。風俗嬢として、できる範囲のことをする。それでも、本当に困ったときに適切な場所にたどり着いてほしい。お客さんを次の居場所に繋げる手助けをすること、それもリリーヴを作るときに意識したポイントだ。

　さて、このお話には続きがある。実は、はるかさんはこのあと何度かお店に来てくれるようになった。キャストになっていつも思うことだが、自分が正しいサービスができたかどうか、本当のところはわからない。お客さんが戻ってきてくれたときにだけ、その答え合わせができる。

驚くべきことに、最近ははるかさんと触れ合うようになり、徐々に笑ってくれるようにもなった。少しずつではあるが、彼女も変わり始めている。だから、この物語の結末は、まだまだ更新中だ。

一方で、もう一つ続きを知っている物語もある。それは以前、久住の店『ファーストレズ』在籍時のお客さんだったチカさんのことだ。彼女は自分がレズビアンであるという自覚がありつつも異性と結婚している、いわゆる既婚レズビアンだ。チカさんはわたしが独立してから、リリーヴにも一度来てくれた。前回会ったとき大きな荷物を抱えてやって来て、晴れやかな顔で帰って行ったのを覚えている。

あるとき、彼女からメールで指名予約が入った。急な話だが、明日の14時に予約を入れたいという。が、少し様子がおかしい。いつもなら新宿駅で待ち合わせて一緒に近くのラブホテルに行くのがお決まりだったのに、今回は新宿のシティホテルの部屋で待ち合わせしたいという。

「大変申し訳ないのですが、防犯上の観点からご自宅やお客様が待機されている部屋での待ち合わせは禁止とさせていただいています」とわたしはメールで伝えた。キャストがお客さんのいる部屋に派遣される場合、危険がつきまとうからだ。部屋に他に誰か控えていて危害を加えられるかもしれないし、隠し撮りをされている可能性もある。久住の店では許容していたが、わたしの店ではキャストの身の安全を確保するためにも、そういった要望は原則断っている。そう伝えるとチカさんは納得してくれた。「わかりました。でもその日は日帰りじゃなくて、ホテルに泊まるんです。新宿駅で待ち合わせして、一緒にチェックインする形にできませんか」

　当日、新宿駅の待ち合わせの場所に向かうとすぐに彼女の姿を見つけた。以前と変わらない明るい茶髪のショートカット。しかし、チカさんの顔は大きなサングラスとマスクで隠れていた。お久しぶりですね、と言って笑いかけてもチカさんの反応は薄い。

「今回の上京はいつもより急ですね。どうかしたの？」

「どうしても、みつさんに会いたくなって……」チカさんは言葉少なで、先が続かない。ホテルの部屋までは無言で連れ添って歩いた。宿泊するホテルの手狭な部屋に入ると、チカさんはベッドに腰掛けてサングラスとマスクを外す。すると、そのまぶたは真っ赤に腫れ、顔のところどころは黒ずんで口元は切れていた。目だけは冴え冴えとこちらを見ている。

「チカさん、どうしたの！　何かあった？」

チカさんはちょっとだけ微笑んだ。「父に叩かれちゃって。ごめんなさい、こんな顔外では見られたくなかったから、ホテルで会いたかったの」

「何が、あったの……？」

「風俗使ってるのがバレちゃったみたい」チカさんは横を向いたまま口だけ動かして言った。「この前東京に来たとき、お店の女の子と手を繋いでホテルに入るところをたまたま上京してた知り合いに見られてたらしくて。あ、見られたのはみつさんじゃないですよ。それが旦那に伝わって、問い詰められて。東京の友達と女子会してたって言い訳したけど、私、そういう都会の友達いないし……。旦那とのエッチを断り続けてたのも重なって、前から疑われてたみたいで……責められたら嘘をつきとおせなくて」

千佳《ちか》さあ、風俗行ってるでしょ。

チカさんは口元に手を添えている。「旦那がうちの親にも風俗行ってることを喋ったみたいで、実家に呼び出されたの。それで動揺した父にひっぱたかれて、で、勢いで家を飛び出してきた。それが昨日のこと」思わず部屋の中を見回したが、いつものようなスーツケースも荷物も見当たらない。財布と携帯だけ持って、本当に着の身着のまま飛び出して来たのだろう。チカさんはパーカーの胸元を握りしめている。「ごめんなさい、うちの事情に巻き込みたくないんだけど、どうしたらいいのかわからなくて。こんなの誰にも相談できない。私の友人や知り合いに、どこまで伝わってるのかわからないし、地元にはいられなくて」チカさんはなんとか笑顔を作ろうとするが、顔が腫れているせいでいびつな微笑みになってしまう。

「大変だったね」わたしは彼女の背中に手を当てた。

「みつさん、みつさんも、私のこと責める？」チカさんはわたしを、奇妙に浮かされたような瞳で食い入るように見つめる。

「どうして？　わたしは責めてないよ、何も」

「みんな責めるもの、私のこと。父は怒りのあまりおかしくなってるし、母はおろおろしてた。旦那は私のこと理解できないみたい。私が逃げてきてからも携帯にひっきりなしに連絡がきてる。どうしてこんなバカみたいなことするの、こんなに何不自由なく幸せな生活しているのに。父からも足るを知れ、一時の気の迷いで家庭をないがしろにして、恥ずかしい、我慢が足りないぞって」

　チカさんの揺れる瞳から大粒の涙がポロポロとこぼれ出す。口元はなぜか笑っている。

「我慢が足りないって、何？　私はずっと、ずっと我慢してきた。ずっと自分のこと押し込めて嘘ついて、普通の人生をやってきたよ。結婚だってしたじゃん、そんなに好きでもない人とだって！」まるで心臓を圧迫されて苦しいとでもいうように、小刻みに空気を吐き出す。「私の何がいけないの。やっと時代が変わってきたの。みんな自由だ、ありのままでいいっていうのなら、私だってそうなっていいはずでしょ」

わたしはずっと黙ってチカさんの言葉に耳を傾けていた。次第に言葉は勢いを失い、チカさんの荒い息遣いだけが聞こえてくる。彼女はポツリと言う。明日、とりあえず帰らなきゃね。

「変な話聞いてもらっちゃって、ごめんなさい。帰って話をつけなくちゃ」親も今頃は落ち着いて心配していると思う、もちろん旦那も、と彼女は付け足した。わたしは「暴力を振るわれそうになったらちゃんと逃げてね、誰かに間に入ってもらった方がいいよ」と言いながら、チカさんの背中をさすった。

　コース時間が終わり、彼女が落ち着いたところで、わたしはシティホテルの部屋を後にした。ドアを閉める際、見送ってくれた彼女の目は奇妙に静まっていたことを妙に覚えている。また生きて会えるのだろうか。そんな思いすらよぎるほど、静かなのに強烈なまなざしだった。彼女は地元に帰って、両親にそして旦那さんになんと言うのだろう。

　しばらくして、彼女の近況らしきものを思わぬ形で知ることになった。それも本人の口からではなく、ネットからだ。お店の常連の人が、リリーヴらしき店を利用したことのあるお客さんのブログを見たと教えてくれたのだ。探してみるとそれに該当するサイトが確かにあった。店の名前は明示していないが、周辺の情報から判断するにおそらくうちのことだろう。一体誰が書いてくれたのかと何気なく投稿内容を見ていたら、ふと気が付いた。これはチカさんじゃないだろうか。

ブログの内容から察するに、書き手は30代のレズビアンで結婚しているが地元から東京にきて風俗を利用しているのだという。ブログは風俗の利用日記だった。最新の書き込みにはこうあった。

「前回の投稿に心配してコメントくれた人、ありがとう。風俗行ってるのがバレてからいまだに父も母も怒っている。でも旦那はなんとか説得できるかも。月1回程度なら、レズ風俗に行ってもいいことにできそう（もちろん両親には絶対黙ってるけど）。ただし、交換条件でそろそろ子どもを持とうってことになってる。旦那はもしかしたら、子どもができれば同性愛を諦めて家庭に気持ちが戻ってくるって期待してるのかも。レズ風俗に旦那公認で行けるようになったのは嬉しいけど、子どもはどうしよう……」

これは彼女なのだろうか。知りたいけれど、自分ではなにもできなかった。わたしはそっとパソコンを閉じた。

自分の感情や欲求に向き合うことは、きっと甘いことでも楽なことでもない。時には手痛い結果を得たり、人生の大きな変革を迫られたりすることだってある。わたしたちキャストは誰の人生もジャッジしない。何が正解だったのか、考えてしまうことはあるけれど。それでも、今日もわたしたちは、それぞれの物語と問題を抱えた人たちに寄り添い続ける。何が正解かを教えるためじゃなくて、一緒に考えるために。

ふみよとのリリーヴでの二人三脚も板についたころ、ＨＰに1件の問い合わせが来た。
それは三人目のキャスト、れいからの入店希望メールだった。

7　そして東京の片隅で、すべては続いていく

「あなたみたいに人と向き合うことを専門でやっている方に今回応募してもらえて、すごく嬉しい」とわたしが言うと、彼女はじっとこちらの目をみたあと丁寧に頭を下げた。彼女はこの先、なんと答えてくれるのだろう。期待に胸を膨らませつつ、わたしは自分の名前を名乗った。

　ここは新宿にある純喫茶の3階。面接をするために、わたしは入店希望者をここに呼び寄せたのだ。面接の場に現れた彼女は、クリーム色のシャツにジャージ素材のジャケット、下はタイトな黒のスカートとしっかりとした出で立ち。染められていない黒髪を肩まで伸ばし、その顔にはほんの少しだけメイクをほどこしている。応募時の年齢は40代。さりげなく確認した彼女の指先は爪も伸びすぎておらず、汚れもなかった。最低限

の清潔感はクリア。わたしは手元にある応募時の履歴書にもう一度目を落とす。

「志望理由を事前にしっかり書いてくれて、ありがとうございます。うちで働いてもらうに当たって、まずはわたしのお店の話をさせてください。うちで働いてもらうには、色々な条件があります。それを踏まえて、あなたの方でもうちで本当に働きたいと思うか、判断して欲しいです」

　わたしはいつもの通りリリーヴで働く上で知っておいて欲しいことを伝えた。レズ風俗一本では稼げないこと、きめ細かな対話が必要な仕事だということ。そして、お金以外にここで働くことで得られるものがあるのかどうか。

「精神保健福祉士の資格をお持ちで、専門施設で相談員として勤務されているんですね。副業としてうちを選んでもらえるのなら、大丈夫だと思う。でも、普段の仕事も人のお話を聞くお仕事ですよね。うちで働きたい理由は何ですか？」

　彼女の応募時の履歴書を見て、少し意外に思ったものだ。確かにリリーヴは対話型を前面に押し出した風俗で、綿密なコミュニケーションスキルを要する職業に近いところがある。しかし、本当の専門職の人が応募してきてくれるとは思っていなかった。何といっても水商売だし、求められている能力は会話力だけではないから、むしろ本職の人には敬遠されるだろうと思っていたのだ。

　彼女は何度か瞬きしながら、慎重に口を開いた。「私は、普段は地域の保健所で働いています。対面カウンセリングと、専門機関への紹介が必要な人をその先に繋げる支援が主な業務です。対応している相談の範囲は幅広く、毎日教科書通りのケアでは対応できないようなことが多くある場所です。病院の精神科に来る方々とは違って、来てくれるクライアントの側にまだ病識がなかったり、外部機関の積極的な介入が必要だったりする方も少なくありません。そこが大変なところでもあります。でも私はこの仕事を、とても誇りに思っています」

　彼女は息継ぎをしたあと、慎重に胸に手をあてる。相手に伝えるべきことを、丁寧に感情を乗せながら話す。きっとこれが彼女の持つスキルの一つなのだろう。「この仕事にやりがいを感じていますし、私の生涯の仕事として極めていきたいと思ってます。でも、この仕事をする中で気が付いたことがあって、やっぱりうちのような専門施設となると重大な問題を抱えた人が来ることが多いんです。もうどうにもならないときに、ようやく来てくれる。ですけど、悩みや問題って本当は日常的なところから始まっているはずなんです。専門施設にいることで、むしろ、そういった人たちに接することができなくなっているんじゃないかって」

　わたしは大きくうなずいた。最近、実感していることがあって、それはリリーヴの立ち位置と意味についてだ。お店を立ち上げるときに考えていたことが、まさに実現しかけていると感じている。専門機関や福祉の現場に助けを求めるほどではないけれど、心のうちにわだかまりやモヤモヤを抱えている人たちが、ふらりと訪れる場所として機能すること。風俗という看板があるからこそ、来てくれる人が深刻になりすぎず、自分の抱えている問題を誰かと共有して一緒に考えられる。その場を提供するには、お店として風俗業のスタイルは変えずに高度な対人スキルを持つキャストが必要だった。わたしの目の前にいる彼女は胸元を手で押さえたまま、こちらをまっすぐに見つめる。

「私はもう少し日常の中にいる、専門機関に来る一歩手前の、自分の中に課題を持っている人に向き合いたいと思って応募しました。正直なところ、風俗で働いたことはないので、本職の人にはテクニックは劣るかもしれません。でも、人と向き合う、話を聞くことに関しては自信があります。お店が掲げている対話型の風俗サービスに、私なら何か貢献できると思います」

　わたしはあえて気になったことを聞いてみた。「今、自分の中の課題という言葉を使ってましたけど、どうしてそういう人と向き合ってみたいと思ったのでしょうか？」対面に座る彼女は、初めてテーブルの上にさっと視線を落とした。薄ピンク色に塗られた唇を少しだけ噛んでいる。「それは……すみません、本来はあってはならないことかもしれませんが、私にもコンプレックスがあるから、です」

「コンプレックスって？」

　彼女は顔をあげた。「私は、今年41歳です。結婚はしていません。お恥ずかしい話ですが、私はずっと、プライベートの恋愛面では強い劣等感がありました。普段は心の専門家として、クライアントの方の問題に携わっている身です。自分の肯定の仕方はクライアントの方ともよく取り組むテーマで、こうしたらどうかって提案することもあります。でも、自分の自信のなさだけは、どうしても変わらなかった。仕事に誇りを持っているし、そういうときの自分は好きでいられる。でも、自分の恋愛や容姿、年齢について考えるとどうしても自信を失ってしまう。どんな方法もピンと来なくて、だったら今までの環境とは違うことをしなくてはいけないのかもしれない。だから、私はそういう自分を変えたくて応募しました」

ひと呼吸置いて、わたしは彼女にストレートに質問した。「自分に深い悩みがある状態で、お客さんのコンプレックスや問題に向き合えますか？　より混乱してしまうこともあると思うけど、どうでしょう？」

わたしは彼女を正面から見つめた。威圧感を与えてしまうかもしれないので、本当はこんな風に見つめるべきではないかもしれない。それでも、聞いてみたかった。彼女はわたしの視線を受けて見つめ返してくれた。「矛盾していることはわかっています。お金を払って来てくれるお客さんに助けてもらおうだなんて思いません。自分の悩みは自分の悩みとして、考えて対処していきます。自分の問題と相手の問題の切り分けは、私が身につけて来たスキルの一つです。そこは混同しません。でも私が自分の自信のなさについてずっと考えて得てきたことは、お客さんに情報として提供しようと思います。同じような悩みを持っている人の力になりたいんです」だから、どうかお願いしますと彼女は勢いよく頭を下げた。わたしはそんな彼女の様子を見つめながら言った。「それでも、もしうちに来るとしたら色々と悩むことになると思う。それでもいいですか」

　彼女は顔を伏せたまま言った。「それも覚悟してます。この仕事にかけてみたいんです」

「わかりました、あなたを採用します」

　彼女はさっと頭をあげた。

「わたしはあなたを歓迎します。自分の中に課題がある場合、お客さんに向き合うことは容易ではないと思う。それでも、あなたはその取り扱い方をよく知っていると思いますし、何より人の役に立ちたいという熱意を感じました。自分のことだけではなくて、他人のことが仕事として第一にあってちゃんと見えている。あなたが持っているスキルは、リリーヴが必要としているものだと感じます。わたしと一緒に、このお店を作っていってくれませんか」

　わたしが差し出した手を、彼女はしっかりと何度も握り返してくれた。こうしてお店の三番目のキャスト、れいが誕生したのだった。

　実際にれいがお店でキャストとして働くようになると、すぐに自分の目は正しかったと確信した。彼女は顔出しをしていないから、ヴィジュアルや世界観で売っているふみよや、オーナーとしてキャラクターをはっきりさせているわたしとは異なる。パッと人目を引くタイプではないかもしれない。それでも、年上の女性に話を聞いてほしいお客さんや、落ち着いて話をしたい人からは、じわじわと支持されていった。彼女の専門職としての力も発揮されているようで、自己肯定感に問題を抱えているお客さんが、安心して話を聞いてもらえる場所として機能しているようだ。派手なスタートダッシュではないかもしれないが、このままの勢いで続けて行けば、うちのお店の力強いキャストになれるだろう。

　二度目の面談のときに、彼女にはそう伝えた。場所は採用のときと同じく新宿の純喫茶の3階。昼下がりのお喋りで溢れるフロアで、彼女は喜んでくれるかと思いきや下を向いている。

「お仕事そのものは、思った通りすごく楽しいですし、私だからこその貢献ができてると思います。それでも、時々苦しくなってしまうのかな……」

「どうして？　何か困っているの？」

「自分が指名されないことが、こたえるようになって……。ほら、私は見た目で売っているわけじゃないですし、お二人みたいにTwitterの使い方もうまくない。だからしょうがないってわかるんですけど、それでも自分が選ばれないことは予想通りとはいえ、やっぱり苦しいです」

女性として、または人として誰かに評価されて選ばれたい。それは多くのうちに来てくれるお客さんの願いであり悩みのタネでもあるが、キャストもまた他人事ではない。同じお店の中にいれば、いやでも他人との違いに目がいってしまう。自分への憤懣《ふんまん》が収まらないらしいれいは言った。「もし私のところに来てくれたら、できることは色々あるのに。でも指名されなければ、披露する機会もない。それが歯がゆくて。自分を求められたいっていう寂しさを、仕事に持ち込んでしまっているとは思うんですけど……」

「待つことは、キャストが乗り越えるべき一つの壁かなと思いますよ。それは、接客中にお客さんが考えるのを待つっていうのもありますけど、向こうから来てくれるのを待つということでもある。自分がしてきたことをちゃんと見て評価してあげて欲しい。自分が信じていることを続ければ、れいさんはちゃんと結果が出せるとわたしは思う」

れいの胸が何度か大きく上下した。「すごく、強いですね、みつさんは……」

「ううん、これは、わたしが日々自分に言い聞かせていることなんです。わたしも、待ってくれている人や応援してくれる人がいたからここまで来られたんだと思う。弱さを感じられるのは強みです。自分が今日できることを積み重ねていくしかないと思う、こういうのは。わたしもそうだったし、それで何とか乗り越えてきた」

れいは下を向いてじっと考えたあと、何度かうなずいてくれた。お客さんがそうであるように、わたしたちキャストも完璧ではない。時には葛藤することも悩むこともあるし、自分たちがしていることが正解であるという確証もない。それでも、今できることを考えて実践していくしかないのだ。

手元のコーヒーカップを大切なもののように手のひらで包みながら、れいは言った。

「なんか、よかったです。みつさんのこの店で働いていること、間違ってなかったんだなって、思います。すごく迷ったし悩んだけど、勇気を出してよかった。みつさんが、ここでこういう仕事をしてくれていて、本当によかった」

わたしは微笑んで、一緒に頑張ろうねとれいに言った。お店の窓から向こう側を見ると、外は初夏の気配に包まれている。ビルに挟まれた、この場所に射すわずかな光にも勢いが感じられる。土曜日の昼下がり、休日の穏やかな空気に包まれた店内にいると思わず肩の力が抜ける。気がつけば、会社を解雇されたときからすでに2年が経過していた。

ふと、れいが手を止めて心配そうにこちらを見ていた。

「みつさん、どうかしました？」

わたしは首を横に振って、少し笑った。「ううん、何でもないよ。大丈夫」

＊

わたしの前に現れたのは、かっこ付きの「寂しさ」を抱えた人だった。

その日、予約してくれた彩香《あやか》さんとは池袋で待ち合わせた。夏の夕暮れが近づく16時頃、ルミネ池袋の1階のエスカレータ前に彼女は明るい茶髪をさらりとなびかせてやって来た。申し込み時に教えてくれた花柄のスカートと半袖の白のカットソーが合致している。おそらく彼女だろう。

わたしを捜して通り過ぎようとする彼女に話しかけると、少しだけ驚いた後、眩しいような懐かしむような顔をした。「今日はよろしくお願いします、お部屋の指定もしてくれてありがとう。あっちの方面ですよね」と言ってわたしが横に並んで歩き始めると、彼女のぎこちない口元が少し和らぐ。

「今日は暑いね。こんな日にわざわざうちに来てくれて嬉しいです。どうやって見つけてくれたの？」

「え、なんか最近ネットで友達から回ってきて。あと、レズ風俗の漫画が一時期流行ってたじゃないですか、永田《ながた》カビさんでしたっけ。私あれでもともと知ってたんです。みつさんもあの漫画知ってます？」

わたしは思わず微笑んだ。「知ってるよ」

「あれ、すごく面白いですよね。私はあの人とは全然違うけど、なんか気持ちはわかるかなー」

「うん、どんな風に？」

彼女は足元に目線を落とす。歩みを進めるたび、蜂蜜色に煮立った日差しがビルの隙間からキラリと眩しい。地面のアスファルトは光の当たらない部分は濃く冷たい灰色に切り落とされていた。

「……こういうお店って、なんか、どういう感じで来るお客さんが多いんですか？」

彼女が言葉のうちに聞きたかったことは、多分これだろう。私みたいな人は他にいるのかな。

わたしは騒がしい街並みに目をやりながら言った。「いろんな人がいるけど、自分の中でモヤモヤしていて感情の整理がつかないから、ただ誰かに話を聞いてほしいって人は多いかな。こんな自分を変えたいって思って、思い切って飛び込んで来てくれるとか」

それを聞くと、横を歩く彼女の胸のあたりがふっと緩んだ気がした。心なしか、会話も饒舌《じょうぜつ》になる。「そうなんだ……私みたいな人、全然いないのかと思ってた」

わたしは静かに首を横に振った。あなたみたいに、苦しみを一人で抱えてしまっている人はいるよ。また会いにきてくれたね。

ホテルの部屋に入ると、すでに中はクーラーが効いて涼しくなっていた。ラブホテルの密集するエリアに立地しているせいか、この部屋には日中も光が届かないのかもしれない。おかげで歩いて体温が上がった体がすっと楽になる。暑さから解放されて涼しいと喜ぶ彼女にはくつろいでもらって、すぐに準備を始める。お風呂は熱くない温度で入れ始め、カバンは見える場所に置いておく。この部屋にはソファがなくて対面式の簡素なテーブルと椅子しかない。「ねえ、隣に座って話してもいいかな」と言いながら、椅子を彼女の隣に置いた。

わたしは椅子に少しだけ体重をかけて、上を見上げて言う。

「なんかここ、ビルの隙間と隙間に挟まれた場所にあるから、涼しくて居心地がいいね」

「あ、よかったー。ラブホテルどこがいいか結構探して、ここ綺麗でいいかなって」

「探してくれたんだ」

彼女はコクリとうなずいて、あんまりこういうところよく知らないからとポツリと言った。

「こういうところにはあまり来ない？」とわたしが聞くと、彼女は迷い迷い言った。

「みつさん、ごめんなさい。わたし、あまり経験がなくて」

「ううん、そんなの謝らなくていいよ。でも、気になってるの？」

「なんか、恥ずかしいのかな。今の自分が」わたしはうなずいてみせた。隣に座っているのに、はるか遠くの岸で一人でうち沈んでいる彼女の声に耳を澄ませる。

彼女は今、27歳。正しくは、彼女が自分のことを語ったときには「私、もう27歳なんですけど」と言った記憶がある。27歳なのに、ろくに恋愛経験もないし恋人もいたことがない、何回か経験はあるけどそれきりだったと。だから、今の自分はみつさんみたいに経験豊富な人に会っちゃうと、すごく安心するけど気後れしてしまうのだと正直に教えてくれた。

「自分のことを恥ずかしいって思ってしまうの？」

「あれ、恥ずかしいのとは違うのかなあ。私、これまで別に彼氏いなくていっかなって思ってたんですよ。通ってた学校も中高と女子校だったから、恋人とかいなくて当たり前だったし。大学からは共学になったけど、周りの男の子みても、なんかどうなんだろうって感じで」彼女は体を軽く揺らしながら明るく答えた。

「社会人になって普通に恋人とかできるのかなとか思ってたけど、ずるずるできずに来ちゃった感じ。何回かそういう雰囲気になってしたことはあるけど、恋人にはならなかったし、セフレにされたくないと思ったから結局切っちゃった」わたしが真剣な顔でうなずくと彼女は笑った。

「あはは、でも私美人じゃないし明るくないし、私が男でも嫌かもって思うようなやつだし、仕方ないんですけどね！」彼女の特徴で気が付いたことがある。深刻になると無理に明るく見せ、普通に接していると自虐的になる。

「彩香さんは、自分のことそういう風に思ってるのかぁ」とわたしが言うと、彼女の顔はおのずと下を向く。手を強く組んだせいで、彼女の花柄のスカートにシワが入って歪んで見える。

「……自己肯定感が低いのかな。自分に自信が持てれば、何か変わるのかもしれないけど……。でもうまくいったことないし。だから、あのレズ風俗の漫画の主人公と似てるのかもしれない。でもあの人は発達持ちっぽくって、親ともうまくいってなくて、仕事だってしてないじゃないですか。だから、私とは違うんだけれど」

「それでも、何か似たようなところがあるって感じているのかな」

彼女の瞳にこれまでないような色がさっと浮かんだ。「あの気持ち、すごくわかるなって思った。寂しいって気持ちと変わらなきゃって焦ってるところとか。なんでこんなに違うのに、同じ気持ちになってるんだろう」

わたしは少しだけ調子を変えて言った。「あの漫画の主人公とは違うって、どんな風に違うのかな？」彩香さんは初めて上を見上げて考えている。

「うーん、私はちゃんと仕事してるし、それなりに友達もいるかな。あと、親とはうまくいってるし、あの漫画みたいにお母さんと通じてないわけじゃない。むしろ、すごく仲がいい方だと思う」

　彼女は言う。子どもの頃からずっと親からは大切に扱われてきたし、特に母親とは仲が良く、なんでも話す友達親子のようだったのだという。就職してからも、休日はよく一緒にご飯を食べたり買い物をしたりするそうだ。困ったり何かあったりしたらお母さんに相談するのが、昔からの習慣だ。

「だからうちは話し合えてないとか親から何か無視されてるってことはなくて。お母さんだったら何でもわかってくれると思う。あ、でも恋愛の話はしないかな。私も話すネタないから」

「もしかして、子どもの頃から恋愛とか性的なことは結構タブー視されていたりした？」

「え！　何でわかるんですか？」

　リリーヴに来てくれるお客さんのうち、性的な事柄から遠ざけられて育った人は少なからずいる。いつだったか、ふみよが一度言っていたことがある。「ねえ、みつさん。多分世の母親は自分の娘が性的に成熟していくのが耐えられないんですよ。だからそういうことを教えずにいつまでも子どもとして扱うんです」

　詳しく聞いてみると性的な事柄を知ることに加えて、彩香さんの生活は厳しく管理されてきたようだった。実家を出ることは許されず大学時代までは門限は19時と決まっていた。子どもの頃は入手できる漫画や本にもしばしばチェックが入り、内容によっては後でやんわりと否定されることもあった。直接は禁止しないが、良く思っていないことを暗に知らされる。母親の機嫌を損ねたくないため、自然とそういう話題や内容は避けるようになった。

「でも、うちの親もいい加減、彼氏の一人でもいないのかって疑問に思ってるのかもしれない。今は何も言われないけど、そのうち急《せ》かされるようになるのかも」わたしは少しだけ首を傾げて聞いた。「彩香さん自身も、何かそういうことを考えるきっかけがあったの？」

すると、空気が一瞬止まるような沈黙が訪れた。彼女が再び語り始めたとき、時間もゆっくりと流れ出す。

「……別に今の生活に不足はないけど、いつまでこれが続くのかなって。周りの人はフツーに誰かと付き合ってる。私の友人も結婚し始めて、なんだろうな、ずっと普通に真面目にやってきたつもりなんだけど、普通の人生から自分が取り残されてる気がする。周りは変わっていくのに私だけは変わらない。で、あの漫画読んで、わーってなっちゃって」彼女のきっちりネイルの塗られた手が、わずかに震えている。「でもこの歳になって、一から恋愛とか始められるとも思えない。でも、何かしなくちゃって思って。私もレズ風俗来たら、何か変わるのかもって」

「勇気を出してきてくれたんだね」彩香さんは子どものようにうなずく。「この歳まで、ずっと何もせずにきちゃったから。色々街コンとかマッチングアプリとか調べてはみたけど、結局何もできなくて。安定したいって気持ちはあるけど、本当に男の人のこと好きになれるのかとかわからない。自分のことどう見られてるのか不安だし、どうせモテないし選んでもらえないって思ってしまう」彩香さんは急に明るく笑いだす。ほらね、こんなこと何とも思ってないんだからとでも言うように。「なんかネットとか見てると、男の人と恋愛したり付き合えたりする気がしてこなくなるんですよ！　女の人のことエロい目で見たり、バカにしたりマウンティングしたり。そういうの見てると、無理だなーって思う」

「ＳＮＳとか特に、そういうの見えちゃうもんね」

「そう、そうなんです！　表では繕ってても匿名で本音を言ってる人を見ると、こんな風なんだなって。フツーに対面で喋っててもすぐマウント取ってくるし、そもそもまともに話してもらえない」

　彼女は重たすぎる荷物を下ろすように、大きく深呼吸した。その声は硬く冷えていた。

「真っ当な人はどこかにいるのかもしれない。でも、私のところにそんな人はやってこない。だいいち、そういう人にはもう彼女いたり結婚したりしてるしね」みつさんみたいな人にはわかんないと思うけどと彼女は言い、横を向いた。顔を背《そむ》けた一瞬、見えた横顔は何かに揺れて怯えていた。

わたしは隣の椅子に座っている彼女に、正面を向いたまま投げかけるように言った。

「わかってあげられなくてごめんね。でも、嫌だったこととか人に話せなかったことは、今日ここで好きに言っていいから。全部聞くよ」彼女はこちらをさっと振り向く。今度は笑ってはいなかった。「傷つけるようなこと言って、ごめんなさい。自分でもどうして欲しいのか、もうわかんなくなっちゃって」

「そうだよね」わたしは彩香さんの手を取った。

ここは、すべての関係性の狭間だ。わたしは友人でも恋人でも家族でもなくて、ただの他人、一時だけ接点のある第三者にすぎない。だから自分を取り繕ったり、綺麗な結論なんて出したりしなくていい。曖昧なままでいいし、曖昧でいられるときこそわたしたちは自分本来の姿に返っているのかもしれない。時刻は夕刻を迎えようとしていて、ホテルの部屋から望む夏の空は夜に向かって溶け出そうとしている。

わたしは彩香さんをバスルームに誘った。今日はなんでも愚痴っていいよと言うと、湯船で彼女は色々なことを話してくれた。あれは許せない、これがムカつく。女をなんだと思ってるの。黒く淀んだものを吐き出していくと、彼女のこわばりと緊張がほぐれていくのがわかる。「こういう風に誰かと愚痴言い合えるのすごい嬉しい」「ネットとかでも自由に見えて、戦う姿勢のある人じゃないと意外と発言できないし、あとは受け入れて諦めちゃってる人、多いもんね」とわたしが後ろから声をかけると、彩香さんの丸い肩が下がる。

「疲れちゃったのかな。せっかくレズ風俗に来るんだから何かを学ぶんだ、変えるんだって思ってたけど、そういうのじゃなくなっちゃった」

　わたしは手を伸ばして彼女の肩に触れた。「いいんだと思うよ。彩香さんには、ただちょっと休むことが必要なのかなって」そう言うと、彩香さんは後ろに体重をかけ、わたしに体を預けてくれた。

「なんかごめんなさい」彩香さんの体は小刻みに震えていた。

「あれ、なんでだろ。なんか震えちゃって」

「大丈夫だよ」わたしは彼女の濡れた髪を撫でた。

「ごめんなさい」彼女はわたしにしがみつくように身を寄せた。ずっと昔から、彼女はこんな風に一人で震えていたのかもしれない。なんでもない、平気な顔をして。わたしはただそれを抱きとめていた。

　わたしたちに必要なのは、アドバイスや何かの経験よりも、自分のことを受け止めてくれる避難場所なのかもしれない。それさえあれば、また羽ばたくことができるだろう。行き先のことはわからない、それでも誰かにただ抱きとめてもらえれば、きっと大丈夫だし何とかなる。

　お風呂から上がると、二人でベッドの新鮮でパリッとしたシーツに包まれる。感触をひとしきり楽しんだあと、彩香さんは子どものようにあどけない様子で言う。

「私、久しぶりすぎて感じないかも」

「うまくやろうとか、どう見えるかとかじゃなく、自分の感覚に集中して、楽しんでもらいたいなぁ」

　彩香さんは黒いボタンのようにきらきらした瞳でうなずいた。

「したら、何か変わるのかな」

「何かを変えたいって彩香さんが思ったとき、すでに変わっている気がするよ」

　わたしはまぶたをそっと閉じたその顔に触れた。


　ホテルから出ると夏の夜が始まっていた。肌にまとわりつく夕陽のなか、汗がじんわりと噴き出してくる。隣を歩く彼女の表情は、妙に晴れがましい。きっと何かが終わったし、別の何かが始まるのだろう。その目はネオンの向こうの別の何かを追いかけている。その先を見てみたいな、と時々思う。実際に見ることは決してできないけれど。

「今日は会えてすごくよかったです」彼女は弾むように言う。

　言いたいことが山のように胸のうちにあって、まだ言葉にならないけれど、とりあえず今日はお別れだ。

「こちらこそありがとう」

「さようなら」彼女はくるりと踵《きびす》を返して、池袋の地下街に消えて行った。

エピローグ

わたしがすべてを話し終わると、ゆうこさんは無言でじっとしていた。ここはラブホテルの小さな部屋、二人でベッドに並んで座っていると時間の感覚を忘れそうになってしまう。今日の残り時間のことを薄暗がりの中で急に思い出した。ゆうこさんは自分の手元をじっと見ている。「私もその人たちみたいに、何か変えられるかな」

「今日で何かを変えようとしなくて、いいと思うよ」

「うん、でも、前に一歩踏み出したいから」

わたしはゆうこさんの肩にそっと触れた。「もしよかったら、ゆうこさんの話も聞かせてほしいな」

わたしはまだ言葉にならないような、ゆうこさんの物語に耳を澄ませた。

わたしは今日も、お客さんの胸のうちに潜む物語を開き、紐解いていく。それは綺麗な物語だけじゃなくて時には硬く、時にはねじれていたり、どこかで断ち切れてしまっていたりすることもある。そこにあるのは紛れもなくひとりの女性の人生で、形もあり方も行く末も異なる。あるべき正解も標準もどこにもなくて、でもどこかにその先があるはずだと信じたい。ただ一時、すべての役割を脱いで自分を休ませることができれば、また歩んでいくことができるだろう。もう少しだけ自分の物語の先が知りたいなと思えれば、きっとまた明日を迎えられる。

*

さて、この物語もいよいよ終わり。今も相変わらずわたしは風俗オーナー兼キャスト業と、片手間にアルバイトをこなす毎日が続いている。つまりギリギリってわけで、生活の安定にはまだ程遠いかもしれないけれど、それでも少しずつ状況は良くなっている。あれからお店のキャストも増えてきたし、オーナーとしてメディアに呼んでもらえる機会も増えている。キャリアパスのないこの形態で今後どうなるのかはわからないけれど、わたしはできる限りのことをしていく。

ふみよはずっと独自の世界観でキャストとして働いていて、彼女の根強いファンも増えてきた。まだ学生だからこの先どうするのかはわからないけれど、毎日彼女ができることをしている。

れいは紆《う》余《よ》曲折あったのち、1年間勤め上げて、退店することになった。彼女なりに色々なことを考え、悩みに悩んだ結果だ。長く一緒に働くことはできなかったけれど、お店の黎明《れいめい》期を支えてくれた、大切なキャストのひとりだ。

大人気レズ風俗嬢のなの葉さんは、今でも風俗業界でトップを爆走中だ。最近ではテレビ番組でも見かけるようになってきて、いよいよその名を業界外にも知られるようになってきている。久住はいつもの調子でファーストレズを経営している。この前連絡を取ったときには「人気の理由をうちのキャストにも伝授してくれ」なんて言っていたけど、本気なのだろうか。

桜井もこれまで通り会社員として働いているらしい。みんな、それなりに元気にやっているみたい。この物語のもとになった、もう会うことがないかもしれないお客さんたちも、きっと頑張って毎日を過ごしているのだと信じている。

この先どうなるのかって？　それはわたしにもわからない。

何かすごいことが起きるかもしれないし、これまでのように一筋縄では行かないこともたくさんあるだろう。それでも、お客さんがそうであるように、わたしもまた前に進んでいかなくてはいけない。だから今日もお店で働き続けている。物語の結末なんて、最後の最後にしかわからない。それって不安定ってことでもあって、どんな可能性にも満ちているってことじゃないかとわたしは思う。

カバー装画　雪下まゆ
表紙写真　Rimi Watanabe

橘みつ（たちばな・みつ）

１９９３年生まれ。対話型レズ風俗「Relieve」オーナー兼キャスト。国際基督教大学でジェンダーセクシュアリティを学ぶ。２０１６年４月、新卒でベンチャー企業に就職するが、体調不良を理由に３ヶ月で解雇される。その後、銀座の高級クラブ、百貨店の売り子、ビジネスホテルのフロントなどアルバイトを重ね、17年5月、池袋のレズ風俗店で働きはじめると途端に指名率・延長獲得率でトップに。18年2月、独立し「Relieve」を開業。

著者エージェント＝アップルシード・エージェンシー
本文構成＝遠山怜（アップルシード・エージェンシー）

レズ風俗《ふうぞく》で働《はたら》くわたしが、他人《ひと》の人生《じんせい》に本気《ほんき》でぶつかってきた話《はなし》

二〇二〇年五月二〇日　初版印刷
二〇二〇年五月三〇日　初版発行

著者　橘みつ
発行者　小野寺優
発行所　株式会社河出書房新社
〒一五一−〇〇五一　東京都渋谷区千駄ヶ谷二−三二−二
電話　〇三−三四〇四−一二〇一（営業）　〇三−三四〇四−八六一一（編集）
http://www.kawade.co.jp/

ブックデザイン　野条友史（BALCOLONY.）、荒川正光（BALCOLONY.）
本文組版　KAWADE DTP WORKS
印刷・製本　三松堂株式会社

Printed in Japan　ISBN 978-4-309-02890-3